文通天下

突 破 认 知 的 边 界

文慧 著

攻心

光明日报出版社

图书在版编目（CIP）数据

攻心 / 文慧著. -- 北京 ：光明日报出版社，2025.
2. -- ISBN 978-7-5194-8382-1

Ⅰ. B821-49

中国国家版本馆CIP数据核字第2025VN1418号

攻心
GONGXIN

著　　者 ：文　慧			
责任编辑 ：孙　展		责任校对 ：徐　蔚	
特约编辑 ：李东旭		责任印制 ：曹　净	
封面设计 ：李果果			

出版发行 ：光明日报出版社

地　　址 ：北京市西城区永安路 106 号，100050

电　　话 ：010-63169890（咨询），010-63131930（邮购）

传　　真 ：010-63131930

网　　址 ：http://book.gmw.cn

E － mail ：gmrbcbs@gmw.cn

法律顾问 ：北京市兰台律师事务所龚柳方律师

印　　刷 ：河北文扬印刷有限公司

装　　订 ：河北文扬印刷有限公司

本书如有破损、缺页、装订错误，请与本社联系调换，电话 ：010-63131930

开　　本 ：170mm×240mm　　　　　　印　　张 ：14.5

字　　数 ：153 千字

版　　次 ：2025 年 2 月第 1 版

印　　次 ：2025 年 2 月第 1 次印刷

书　　号 ：ISBN 978-7-5194-8382-1

定　　价 ：58.00 元

随着社会竞争的日益激烈，每个人都在努力用不同的方式或明或暗地提升自己，以获得更多的生存空间。在这一过程中，有人之所以能于千军万马中轻松制胜，是因为掌握了"用兵之道，攻心为上"的人际交往艺术。攻心之术能直击人心，触动人的灵魂，进而影响到人的行为和决策。一个人倘若擅长攻心之术，就可以在生活和工作中为自己赢得更多的支持，在人际交往中获得主动权，进而灵活化解各种矛盾，轻松应对诸多挑战，获得生活的幸福和事业的成功。

自古以来，中国人就重视人心的向背，因此我们的先辈们留下了诸多攻心之术。本书汲取《易经》《道德经》《论语》《墨子》《孟子》《韩非子》《左传》《鬼谷子》《战国策》《史记》《处世悬镜》《资治通鉴》《菜根谭》《六事箴言》等中国古代经典作品中关于人际交往中攻心之术的精华，系统阐述了攻心的价值、策略和方法，并借助经典案例，让读者在阅读的过程中理解和领会"攻心"的要旨，从而将其运用于自己的工作和生活中，提升"心智"，锻炼洞察力，掌握交往的玄机，积累丰富的人际相处经验，进而更加了解人性，过上更从容的日子。

目 录

第七章　**攻心之要**

刚柔并用，求同存异

第一章

攻心为上

　　心理学家阿德勒在其著作《理解人性》中提出，人生有三大任务：工作、交友和爱，这些任务都涉及人际关系的处理。人是社会的产物，人际关系构成了个体的外在生存环境，甚至在某种程度上决定了个体能否获得成功。因此，读懂人心，悟透人心是个体成长的重要任务之一。每一个想获得幸福和成功的人，需要在理解人性的基础上，学会一些攻心之术，以便获取人心。

读懂人心，获得成功

一、谋得人心

【原典】

知人者，王道也。

【简译】

要想称王于天下，就要了解人。

【评议】

这句话出自唐代纵横家赵蕤的《长短经》，强调了了解人的重要性，道出了成功的真谛——唯有了解人心，才能精准攻心，进而获得对方的支持，成就自己的事业。

北宋第四位皇帝宋仁宗赵祯，能在内忧外患的情况下，让北宋经济繁荣，文化持续发展，保持盛世局面，凭的就是在了解人心的基础上做到了攻心——通过获取广大臣民的信任，知人善用，让智者尽其谋，勇者尽其力。史书记载，宋仁宗治国强调以民为本。他关注百姓疾苦，实行惠民政策，赢得了百姓的拥护和爱戴；他尊重文人贤士，善于倾听他们的意见，使这些人愿意献上好的治国之策。正是由于这种以人为本的治国态度，让举国上下齐心协力，共同打造了盛世局面。

宋仁宗了解人心，知道臣民所求，对不同的人采用不同的攻心之策，由此获得臣民的支持，最终君臣同心，打造了盛世局面。不独宋仁宗，自古以来凡成大事者都清楚唯有了解人，知其心中所求，才能对症下药准确攻心，进而获得对方的认可和支持，助力自己的事业成功。

不仅仅成就大事，就是普通人要获得事业的成功、家庭的幸福，同样离不开谋得人心。这里的人心包括邻里的热情相帮，朋友的倾心相助，领导的真心认可，同事的用心配合。一个人倘若能在生活和工作中了解这些人，并针对性地与之交往，就能谋得上述人心，获得这些人心甘情愿地尊重和帮助，让自己如虎添翼，获得成功。

由此可见，了解人性，体察人情，是谋得人心的重要前提，也是实施攻心之术的基础。只有善于了解人，对症下药运用攻心之术，才能汇聚身边人的力量，助自己达成所愿。

【事例】

韩信巧攻心，轻取燕、齐

韩信是汉高祖刘邦麾下一员智勇双全的将领，他善于治军，更善于指挥大兵团作战，刘邦称他能"连百万之军，战必胜，攻必取"。韩信能经常在军事上取得成功，除了他本人善谋略外，还在于他善于攻心，会用人。他真诚相待，任用李左车就是一个典型的例子。

　　李左车是赵国名将李牧的后人，军事才能出众，极善谋略，曾为赵国立下赫赫战功。汉高帝三年（前204），李左车跟随赵王歇率20万赵军迎战以韩信、张耳为主帅的数万汉军。由于赵军主帅陈馀没有采纳李左车固守的计策，坚决主张出战，导致赵军在井陉口被"背水一战"的汉军前后夹击，赵国灭亡，李左车也被迫逃亡。

　　韩信早闻李左车的大名，赏识他的才能，不但在战前严令将士不得伤害他，而且在李左车兵败逃亡后以重金悬赏缉拿。当李左车被绑送到他面前时，韩信亲自为他松绑，请他坐上位，以对待老师的礼节恭敬款待他，真诚地请他助自己攻取齐、燕两国。李左车感动于他的礼遇，在分析了当前的形势后给了韩信收服人心、平定燕齐的建议。

　　韩信采纳李左车的建议，对刚刚平定的赵国采取了一系列安抚的政策，向天下宣告了汉军取得的灭魏、破代、定赵等一系列战绩，从心理上威慑燕、齐两国，动摇其军心和民心的同时，让疲惫不堪的汉军士卒休养生息，抚恤阵亡将士的遗孤，用牛肉美酒犒劳将士。接着先后派说客去劝降燕国和齐国，最后"兵不血刃"地平定燕、齐两国，创造了军事史上的一个奇迹。

【评注】

　　上述故事出自《史记》，无论是赵国兵败井陉口、韩信收服李左车，还是李左车辅佐韩信不战而平定燕、齐，都体现了谋人、攻心的重要性。

　　首先，倘若在汉、赵两军对战时，赵军主帅陈馀能体会李左车的用兵之意,采纳他的建议,不因其是赵国旧臣而轻视他,那么井陉口之战胜方为谁未可知。同样,李左车了解陈馀的个性和应战心理,采取恰当的攻心之术说服陈馀,或巧用心思影响陈馀,则赵国也未必会败。然而此二人都忽略了谋人、谋心对大战成败的重要作用,最终均落得兵败的下场。相反,汉军主帅韩信则擅长攻心之术,采用"背水一战"的方式自断后路,激发全军将士拼死一战的决心,大败赵军。

其次,从韩信对待李左车的态度来看,因为知道李左车是不可多得的兵家怪杰和军事奇才,韩信在他被带到自己面前时,不是以胜者的姿态居高临下地蔑视对方,而是亲自为他松绑,以待师之礼请他坐上座,向对方表达了赏识之意和重视之情,从而凭着真诚和信任谋得李左车的真心相助。随后在对待燕、齐两国的问题上,李左车献上攻心之计,韩信全然信任,加以采纳,以德政安抚人心,以武力威慑燕国,再以恩威并举的策略劝降齐国。

这个故事启示我们,在人际交往中,若能在真诚地欣赏和尊重的基础上,学会一定的攻心技巧,必能让我们获得他人的助力,收获幸福和成功的人生。

二、获得支持

欲成天下之大事，须夺天下之人心。

【简译】

想要成就世间的大事，就一定要先夺得天下人的心。

【评议】

这是晚清中兴名臣曾国藩的一句名言。这一极具智慧的话语，道出了得人心之于做人、做事的重要性。

心是一个人的重要脏器，如同汽车的发动机一样。在古人看来，这一器官除了承担着相应的生理功能外，还承载着个体的价值观和道德准则。因此"夺人心"，就是赢得他人的理解、信任和支持。只有当大多数人真心实意地信赖你、支持你、帮助你时，你才能一呼百应，无论做什么事都得心应手。这就是"众人拾柴火焰高"背后的道理。

春秋时期的军事家孙武在其著作《孙子兵法·谋攻篇》中指出：

"上兵伐谋，其次伐交，其次伐兵，其下攻城。"意思是用兵的上策是以计谋取胜，中策是在外交上取胜，下策是以武力取胜，最差则是攻打对方城池。由此可见，真正的高手在面对敌人时，以智取胜，而不是以力取胜。这一原理的前后就是对人心的把握。套用到人际交往中，如果要在形同战场的商场、职场中赢得他人发自内心的信服，获得他人的支持，不能单凭权力、金钱或者力气，而需要像"上兵伐智"一样，以智谋心。

被誉为"当代商圣"的稻盛和夫认为，在所有的东西之中，最可靠、最稳定的是人心。因为人与人之间一旦能彼此交付真心，就会形成心心相印的强有力的人际关系。有了这样的盟友，一切困难就会迎刃而解。他本人就是凭着这样的策略，取得一系列的商业成功的。

因此，一个人若能在人际交往中懂得一点攻心之术，且能在做事时做到谋事先谋心，就可以顺利达成所愿。

【事例】

刘邦得民心，得天下

西汉的开国君主刘邦，年轻时仁厚爱人，乐善好施，很有抱负。他心怀远大的理想，从一个嗜酒好色、混迹于三教九流的小小亭长开始，一步一步走向权力的巅峰，其有意无意的攻心之举起了至关重要的作用。

有一年，刘邦奉命押送一批犯人去骊山服役。他知道去骊山路途遥远，加之徭役繁重，大多数犯人会一去不返。于是，为人宽厚的刘邦途中就睁一只眼闭一只眼，任由犯人逃跑。看到人逃得差不多了，他索性在某一天夜里释放了剩下的人。有十多个犯人被刘邦的仁义打动，加之实在无处可去，就表示愿意追随刘邦。这些人成了刘邦起家的"最初班底"。

后来，刘邦的名气越来越大，跟随他的人也越来越多，达到了上百人，就连沛县的主吏萧何、狱掾曹参也投奔了刘邦。虽然这些人极力想让他做县令，但刘邦以自己虽然不怕死，但才能浅薄，无法保全众人的性命为由，推辞不就。他越是谦逊辞让，大家就越认为他是最适当的人。最后，刘邦推辞不过就成了沛公（沛县的县令），开始有了自己的城池和正式的武装力量。

秦二世三年（前207）十月，楚怀王任命刘邦为西征军统帅，令其"扶义而西"，希望凭着他品性宽厚、为人仁义的口碑减少西进阻力，达到不用动用暴力就令秦朝百姓归顺的目的。项羽虽然能征善战，却因为为人"彪悍滑贼"及"所过皆残灭"，不利于收服人心，因此被任命为北路军的次将，两路军共同北上。楚怀王与两路军的统帅定下"先入定关中者王之"的约定，即谁先入关中，谁就可在关中称王。

秦王子婴元年（前206）十月，刘邦率先到达霸上，不是纵军掠夺，而是召集当地的名士，与其约法三章：杀人者死、伤人和偷盗要受到处罚、将秦朝的苛刻法制一律废除。这些举动让他迅速获得关中百姓的民心。

与此同时，项羽在新安坑杀了25万秦军降卒后，也于十一月中旬率领40万大军到达函谷关。不同于刘邦的按兵不动，项羽直接率军进入咸阳城，在烧毁秦朝宫室、杀死秦王子婴后，置"先入定关中者王之"的约定不顾，自立为西楚霸王，并主持分封天下。他的所作所为令天下百姓大失所望。

前205年，隐忍多年的刘邦，东出汉中与项羽争天下。他做的第一件事就是到陕地（也就是之前的关中地区），慰问那里的父老，从而获得了陕地人民的支持，这为后来的楚汉争霸战争提供了一个稳定的大后方。

【评注】

上述刘邦得天下的几件事，极好地证明了"欲成天下之大事，须夺天下之人心"这句话的正确性。分析这几件事，可以清晰地看到攻心在其中发挥的重要作用。

在做小小的亭长时，刘邦"仁厚爱人，乐善好施"，为自己打造了亲民的形象，收获了大量人心，为日后的起家积累了一定资本。而刘邦释放犯人的举动，让生命即将走到尽头的犯人看到了生的希望。在这些犯人眼中，刘邦简直是他们的再生父母，他们怎么能不死心塌地地追随呢？

在沛县做县令这件事中，同样可以看到攻心的重要性。面对唾手可得的县令之职，刘邦不是二话不说就走马上任，而是再三推辞，而且言辞巧妙，"自己虽然不怕死，但才能浅薄，无法保全众人的性命"。这番话真是既真诚又感人——一方面实事求是地分析了自己的能力和可能造成的后果："才能浅薄""无法保全众人的性命"；另一方面又明确自己的态度："不怕死"。在众人看来，如此坦诚之人必定是值得信赖的，就此又收获一波人心。

在西征这件事上，刘邦更是凭着他的宽厚和仁义，不但成了西征军的统帅，扩大了自己的政治影响力，同时在驻军霸上时，凭着与人约法三章之举，让百姓看到了他的仁爱和守信。一番操作下来，军心、民心尽归刘邦。

就这样，刘邦凭借一系列的攻心之举，让自己从一介草民一路攀升，从县令到将军，最终称帝。虽然在此过程中，他不曾喊过一句华丽的口号，但用实际行动生动地诠释了"欲成天下之大事，须夺天下之人心"的重要性。

三、消除反对

【原典】

能攻心则反侧自消。

【简译】

（如果）能从心理上收服敌人，（那么就算是有）不顺从的人（也）会自然消失。

【评议】

这句话出自清朝学者赵藩为武侯祠写的一副对联："能攻心则反侧自消，从古知兵非好战；不审势即宽严皆误，后来治蜀要深思"。

赵藩是中国近代史上著名的学者、诗人和书法家。此人不但文采飞扬，而且思想进步，曾参加过辛亥革命和护国、护法运动。而他之所以写这副对联，是因为他的一个学生。

光绪二十八年（1902）九月，赵藩正在四川代理盐茶道，当时的四川总督岑春煊是他的学生，也是他的上司。面对当时的社会动荡、民变迭起，上任伊始的岑春煊坚持实施铁腕政策。赵藩不好直接指责岑春煊的做法不可取，就委婉地写了这副对联规劝。然而这种做法非但没能点醒岑春煊，反而导致师生关系破裂。直到岑春煊因为做事过激，触及对立派系的利益，在"丁未政潮"中被奕劻、袁世凯弹劾，被迫下野，他才领悟了老师赵藩的良苦用心。等到被再次起用，面对四川民间掀起的保路运动，岑春煊灵活调整策略，采用了各种攻心之策，安抚民心。眼看清廷已摇摇欲坠，岑春煊发出通电，赞成共和，要求清帝退位。

简单的一副对联，富有哲理，得到后人重视，流传颇广，就是因为它道出了人际关系中攻心的重要作用——消除反对的声音，不用武力支持，达到化干戈为玉帛的目的。

众所周知，获得他人的理解和支持并非易事，尤其是获得反对者或批评者的支持，更是难上加难。攻心能达消除反对的声音，获得敌对者的支持，缘于其从心出发，将心比心，以心攻心。

擅长攻心之术的人，面对反对者和批评者，不是以眼还眼，以牙还牙，而是从对方的所思所想入手，或以理服人，或以情动人，以真诚的态度与对方坦诚交流，使之产生情感共鸣，进而放下仇恨和抵触，进行真实有效的沟通，最终找到解决问题的办法。当然，在此之前，还需要做大量的功课。

首先，了解反对者或批评者，明确对方是怎样的人。真正擅长攻心之术的人，为了消除反对的声音，会具体而详细地了解攻心对象的特点。通过直接观察或间接调查，看看对方是不是相对理智的人，进而思考他们持反对或批评意见的原因可能是什么，以此明确对方的立场和出发点。

其次，能够以情动人，设身处地地为对方着想。真正擅长攻心之术的人，当发现与反对者或批评者讲任何道理都是无用时，他们就会采用以情动人的攻心之策，衷心地希望与其进行沟通，设身处地地站在对方的立场思考解决问题的方法，从而使对方主动放下内心的敌对或仇视，以便找到双赢的解决办法。

总之，从心出发，将心比心，恰当地运用攻心之术，就能在心与心之间架起理解和沟通的桥梁，消除反对和敌对意见。

【事例】

翟方进以心攻心，化敌为友

翟方进是西汉的一位经学大师，也是汉成帝的股肱重臣。

翟方进从小为人憨厚木讷，但受他父亲的影响，性喜读书，尤其喜欢阅读经学类的书籍。12岁时，由于父亲去世，他不得不辍学到太守府做了一名小吏。然而由于做事不够灵活，他经常遭到掾吏的辱骂。后来在别人的启发下，他意识到自己的兴趣在经史的学习与研究上，于是在母亲的支持下辞职回家，专注于经史阅读与学习，后又到长安拜师学习《春秋》。23岁时，他凭借着经学研究上的极深造诣，受到京城各学派的称赞，被很多人拜为老师，继而举明经，调任议郎。

翟方进的学识和名气，让不少同僚心有不服，宿儒胡常就是其中的一位。同是从事经史研究工作，胡常无论是年龄还是官职都比翟方进高，研究经史的时间也比翟方进长得多，也的确有相当的水平，但名气和声望却远远赶不上翟方进。看到翟方进得到大家的称赞，胡常特别嫉妒，就经常当面说怪话，背后说坏话，贬低翟方进。这给翟方进的工作造成很大的困扰。

不过，此时的翟方进由于在经史中浸染多年，其原本憨厚木讷的性格也因为更加了解人性而变得灵活。意识到胡常是在故意针对自己时，翟方进先是不动声色地观察胡常，发现他虽然嫉妒心强，但在经学上的确有独到的观点和看法。于是翟方进除了在言行上更加尊重对方，还特意鼓励自己的学生去听胡常讲经，并让学生认真记录对方对于一些疑难问题的观点和看法。

刚开始，胡常还心存戒备，小心谨慎地讲课，生怕说错话，落下把柄。一段时间下来，他感受到了翟方进及其学生对自己的尊重，开始为自己的小心眼而惭愧。慢慢地，他开始主动在士大夫间夸奖起翟方进的学识，并主动跟翟方进讨论学问，最后二人成了至交好友。翟方进也因为待人宽厚，喜欢与人为善，越发获得大家的尊重。

【评注】

翟方进能做到化敌为友，让胡常不再攻击自己，甚至主动接受自己，根本原因就在于巧妙地运用了攻心之术。从故事可以看到，翟方进面对胡常的批评和反对，不是针锋相对地与之争论，而是在给予理解和尊重的前提下，以情感人。

首先，翟方进对胡常没有持敌对的态度，而是保持了平常心。这种心态使他能够在胡常的诋毁中从容不迫且客观地考察这个人，了解其学识和素养，以及诋毁自己的动机和目的。这种不带偏见的做法为之后的正确应对打好基础。

其次，当看到胡常的长处，了解到他对自己的诋毁是出于嫉妒后，翟方进并没有进行报复，而是将心比心，实事求是地承认胡常的学识，尊重对方在学术上的独到见解，并让自己的学生去听胡常的课。这一行为，一方面无声地告诉大家，他对胡常的学识是欣赏和肯定的；另一方面也证明了他为人的宽厚。面对如此宽厚之人伸出的橄榄枝，胡常怎么能不接受呢？同僚又怎么能不被感动呢？

就这样，通过巧妙的攻心之术，翟方进悄无声息地消除了敌对的声音，收获了胡常的友谊，获得了众人的肯定。

四、战胜对手

用兵之道，攻心为上，攻城为下。

就用兵的道理来说，攻击敌人的心理防线是上策，攻打对方的城池反而是下策。

这句话出自《三国志·蜀志·马谡传》，后两句是"心战为上，兵战为下"。上下两句联系起来可以看出，整句话强调了攻心的重要作用——可以兵不血刃地战胜对手，使之发自内心地臣服。

春秋末期著名的军事家和政治家范蠡极其善用不战而屈人之兵的策略。在帮助勾践复兴越国的过程中，他不但自己在吴王夫差面前摆出彻底的臣服姿态，不断向对方献上贡品，送上名动天下的美女西施，而且说服越王勾践向夫差示弱，使得夫差一步一步放下对越国的防备，让越国获得喘息之机。越国由此获得了积蓄力量、征服吴国的机会。

自古以来，敌我双方的较量，不仅是军事实力的较量，更是心理素质的较量。其中，心理素质的较量的核心就在于对人心的洞察和对攻心之术的运用。一方如果能从心理上征服对方，就可以取得实质上的胜利。因此，如果能够巧妙运用攻心之术，不独在战场、商场，就是在普通的职场上，也可以取得战胜对手、成就个人事业的效果。

【事例】

乐毅攻心为上，齐不战自降

前284年，因齐国灭掉宋国，担心齐国一家独大的燕、秦、赵、韩、魏五国联合起来攻打齐国。仅半年的时间，在统帅乐毅的指挥下，五国联军势如破竹，先后攻取了齐国的70多座城池，尽管最后没能攻下莒（今山东省莒县）和即墨（今山东省青岛市即墨区）两城，但乐毅在攻齐时采取的"攻心为上，使其自降"的策略，却为人称道。

首先，在五国联军向齐国进发的途中，乐毅安排人向齐国军民宣传燕王的恩德，让齐国的百姓知道燕王要比齐王爱民，成为燕国的百姓要比做齐国的百姓幸福得多。同时在行军的过程中，联军每占领齐国的一座城池，乐毅就下令减轻当地百姓的赋役，同时要求军士尊重当地的民风民俗，并对地方上的名流绅士予以优待。

其次，当五国联军进入画邑（今山东淄博市临淄西北）时，乐毅打听到齐国太傅王蠋年老辞官后居住在这里时就传令下去，严禁将士在画邑周围30里地范围内做出任何侵犯之举。除此之外，他还派使者专门带着重礼去请王蠋出山到燕国为官。就算后来王蠋拒绝了乐毅所请，且以死明志，乐毅也没有发兵责难，而是惋惜好久，命人将王蠋厚葬，并让人为他树碑立传。

最后，在攻下齐国国都临淄后，乐毅在率军进城前严明军纪，不允许士兵烧杀抢掠；进城之后，还对齐国的上层人物许以高官厚禄。同时，他还让人为已故的齐桓公修建庙宇，并对他进行祭祀。

齐国军民发现乐毅率领的联军竟然如此宽厚仁德，深受感动，认为燕昭王要比齐愍王仁义爱民，于是奔走相告，发自内心地愿意做燕国的百姓。结果五国联军所到之处，齐国的守军不愿意卖力，百姓也不愿意全力抵抗。在短短半年时间，乐毅率领五国联军攻取了齐国70多座城池。

【评注】

上述内容改编自《史记》。从故事的内容可以得出结论，五国联军能在短时间取得如此大的胜利，关键在于乐毅成功运用了攻心之策。

乐毅深谙民心向背的重要性，知道要想"不战而屈人之兵"，重要的是收服民心。于是他先是安排人做了大量的宣传工作，让百姓知道燕王爱民，继而用实际行动，比如减轻当地百姓的赋役、尊重当地的民风民俗、优待地方名流绅士等措施，表明了自己的言行一致。普通百姓关心的是什么？赋税重不重，能不能吃饱，乐毅用减轻赋税的举措让百姓看到了希望；一地的民风民俗，其实是当地人的精神灵魂，尊重民风民俗，就让当地人看到了对他们自身的尊重；名流绅士在当地极具号召力，给予优待就让他们首先感受到了被尊重，自然可以发挥其影响其他人的作用。

每个集团或国家都有其灵魂人物，齐国也同样有，那就是极具风骨的老臣和曾经对百姓仁义相待的君主。齐国太傅王蠋和齐桓公就是这样的人物。乐毅对王蠋采用的是以礼相待的方式，先是请君出山，对方以死相抗后，他不是恼羞成怒，而是将其厚葬，为其树碑立传，由此树立了礼贤下士、尊重人才的好名声。而对于齐国已故君主齐桓公的建庙祭祀举动，更让齐国的官民看到了燕国的仁义和守礼。

官员是一个国家上层建筑的主要构筑者。乐毅的攻心之计中自然缺不了对这些人的恩惠。高层官员重视的是什么？是自己的官位、自己的利益，于是乐毅投其所好，许以相应官职，结果就顺利获得了他们的支持。

就这样，乐毅的每一步都做到了齐国上下的心坎上，而这正是因为他知道人心向背在敌我战争中的重要作用。这也就是他能在短时间内占领齐国70多座城池的重要原因。

乐毅在军事上的攻心之举启发我们，在人际交往中，倘若能恩威并用，巧用攻心之术，同样可以征服敌对者的心，获得敌对者的支持。

五、成就事业

【原典】

得道者多助，失道者寡助。

【简译】

坚持正义的一方会获得更多方面的支持和帮助，违背正义的一方得不到太多的帮助。

【评议】

这句话出自《孟子·公孙丑下》，用以强调决定战争胜负的重要因素——正义和民心，即人心向背，换用到人际关系的处理上意在强调如果能谋得人心，就会获得他人的支持，从而成就自己的事业。

明朝末年，腐败的统治、残酷的压迫，以及连年的灾荒导致民不聊生，李自成顺应民意在陕西举起反抗义旗。起义初期，义军纪律严明，提出"均田免粮""平买平卖"的口号，并严令"不淫妇女""不杀无辜""不掠资财"，加之所到之处不但对百姓秋毫无犯，而且将得到的大批金银财宝和粮食分给穷人，因此赢得了百姓的心，他们高喊着"开了城门迎闯王，闯王来了不纳粮"，纷纷赶来参加义军。起义军的规模因此得以壮大，军事上获得节节胜利。然而，随着实力的增强，李自成及其手下的义军将领开始骄傲自满，耽于个人享乐，尤其是攻入北京城后，义军不但不再亲民爱民，甚至害民、祸民，加之迅速腐化、傲慢轻敌、军纪涣散，最终节节败退，由盛转衰，李自成也兵败身死。

由此可见，得人心者得天下当真是至理名言。因为趋利避害是人的本性，面对选择，人的本性决定了首先要选择于自己有利的一面。倘若一个人能在选择时，兼顾个人和他人的利益，那么他人也会因个人利益获得保全而对其心存感恩，从而愿意给予其支持。这就如同百姓因为李自成率领的起义军能让其吃饱而出于感恩之心而全力支持，当起义军不能为他们谋利，反而烧杀劫掠时，他们就不再给予支持一样。所以，一个人如果在人际交往中善用攻心之术谋得人心，那么就获得了成事的根基。因为亲近者会基于利益一致全力支持，中立者就不倾力支持，也会基于个人利益而不去阻挠，这样一来这个人的成功之途就平坦得多，自然就可以轻松战胜对手，成就自己的事业。

【事例】

胡雪岩得人心成事业

清末，胡雪岩想开办钱庄，但是自己忙不过来，就想找一个人来帮自己打理。另一家钱庄站柜台的伙计刘庆生因为特别灵活能干被胡雪岩相中。在和对方面谈一番后，胡雪岩就表明了自己的来意，给了刘庆生丰厚的待遇：年薪200两银子和年底的红利分成。同时为了解除他的后顾之忧，胡雪岩还给刘庆生预支了200两银子安顿家人。从此，刘庆生成为他的得力帮手。

胡雪岩早年在钱庄做伙计的时候，在酒馆认识了王有龄。当时的王有龄因为无钱到吏部报到，过着穷困潦倒的生活。胡雪岩在得知王有龄的苦衷后，将刚催收回来的500两银子借给了他。王有龄用这笔钱进京打点一番，得以衣锦还乡。此后二人相互扶助，在各自的领域取得成就。

胡雪岩的商业活动主要以杭州为中心，因此咸丰十一年（1861），当太平军攻打杭州，城内清军粮饷断绝，他就从上海、宁波采购军火和粮食帮助清军。后来，清军收复杭州城，他又设立粥厂、善堂、义塾等帮助百姓，向官绅大户劝捐，帮助时任闽浙总督的左宗棠安定了民心，解决了战后的财政困难。除此之外，胡雪岩名下的药店胡庆余堂，更是制作"行军散""八宝丹"等药品供军民之需，甚至免费向老百姓赠送"避瘟丹"、痧药等必备药品。左宗棠因为他急公好义，实心实力做事而特别欣赏他。左宗棠在组织"常捷军"、创办福州船政局期间，胡雪岩也积极协助他筹措相关的费用。左宗棠西征平叛时，胡雪岩在上海借外国贷款为其补充军饷和订购军火，并将收集的重要情报报告给左宗棠。

刘不才是胡雪岩的姨太太芙蓉的叔叔。此人虽然是一个纨绔子弟，吃喝嫖赌样样俱全，但处事圆滑，善于交际，且做人还算有底线，因此胡雪岩没有轻视他，不但帮他还上了外债，还带着厚礼上门拜访，对他以礼相待。后来，胡雪岩在进军桑蚕业的过程中遇到了阻碍，刘不才就发挥其出色的交际能力，以清客的身份帮胡雪岩在达官显贵中周旋。

【评注】

从上述关于胡雪岩的故事中，我们可以看到，胡雪岩之所以能从一个平凡的钱庄伙计，成为富甲一方的豪绅、"红顶商人"，除了其灵活的头脑，还与他以真诚待人、诚信做事、乐于助人等品格为基础运用的攻心之术，让他可以赢得人心，获得他人的帮助。

在处理关于刘庆生聘用之事上，胡雪岩不因对方只是一名普通的伙计而居高临下地命令，而是以情动人，在了解对方的困难后，在对方没为自己做出任何贡献、钱庄尚未开张之前就为其预支薪水，为其解除后顾之忧，虽然是为了让刘庆生专心工作，但这种处处为对方考虑的举动让刘庆生感受到了尊重、信任和关怀，感受到了如同朋友一样的平等相待，因此也就发自内心地愿意为其效力，主动助其成功。

如果说对刘庆生的攻心是有意而为，那么对王有龄的攻心则是无心插柳。面对山穷水尽的王有龄，当时也是穷小子的胡雪岩，甘冒被老板炒掉的风险，帮助对方。这一雪中送炭之举，让王有龄得以获得走上仕途的机会，自然让他毕生难忘，此后在自己力所能及的范围内予以帮助就是顺理成章的事情了。

胡雪岩为左宗棠所做的一切，是其忧国忧民之心的体现。但是仅仅有一颗忧国忧民之心还不足以打动左宗棠，关键在于他还有能力，能将别人办不成的事办成。这样人品和能力都过硬的人，左宗棠自然愿意与其结交。后来的胡雪岩能成为"红顶商人"，与左宗棠对他的赏识有着极其重要的关系，而这份赏识也成为胡雪岩不断扩大商业版图的有利条件。

在别人眼里，刘不才纯粹是不成器的"穷亲戚"，一般人避之不及。胡雪岩不但不嫌贫爱富，而且主动与之亲近，对其以礼相待。这份平等相待的情谊，也换来了刘不才的真心帮助。胡雪岩的人脉和圈子因为这个名不见经传的小人物的帮助得以不断扩大，不断升级。

当然，胡雪岩同样也凭着仁善之心、助人的义举，获得了杭州老百姓的认可，攻下了他们的心，使得他们发自内心地为其扬名，称其为"江南药王""大善人"，让胡雪岩获得了无形的资本——声誉。

总之，胡雪岩的成功提醒我们，在人际交往中倘若能真诚待人、平等待人、乐于助人，这种以心换心的攻心之术，就可以赢得身边人的支持和帮助，从而让自己因"得道多助"而成就事业。

第二章

攻心之始

　　"入门休问荣枯事，观看容颜便得知。"《增广贤文》里的这句话道出了一个简明的生活常识和处世哲理——与人交往时，多观察对方的言谈举止，从中了解对方的情绪情感，明确其兴趣爱好和禁忌，这是建立良好的人际关系的前提，也是实施攻心之术的开始。简单地说，就是从细微之处观察对方，广泛采集信息了解对方，综合相关信息分析对方，从而明确对方的品性，确定与其交往的相应策略，以确保攻心的成功。

察言观色，广采信息

一、观察

听其言而观其行。

听一个人说话时，还要注意观察这个人的行为。

上面这句话出自《论语·公冶长》，意在告诉我们，要评判和了解一个人，不仅要"听其言"，还要"观其行"，将言行结合起来才能真正看出一个人的品行，这也是攻心成功的重要前提：观察人。

为什么要观察人？如陈寿在《三国志》里给出答案："察其言，观其行，而善恶彰焉。"简单地说，借助于观察一个人的语言和行动，可以判断这个人的品行是善的还是恶的。

唐宪宗时有一个叫吕元膺的人，为人慷慨好客，经常有一些年轻士子想和他结交。吕元膺在任东都留守时曾收留了一个慕名而来的读书人。因为非常欣赏对方的学识和才干，他打算为其安排一个差事。

然而在与这个人下了一盘棋后，他送对方一些礼物后让其另谋高就去了。家人和朋友都困惑不解。十年后，吕元膺才道出其中的原因。原来二人在下棋的过程中，他发现这个人趁他中途去批阅一份公文而偷偷地悔棋，由此判定此人心思不正，做人不磊落，于是就本着敬而远之的原则将对方客气地送走了。

吕元膺之所以凭借对方在下棋中的一个小小的举动就判定此人不值得相交，是因为品德是一个人身上较为稳定的成分，一个人的品德经常从其不经意的言谈举止中体现出来。这些看似不起眼的细节往往相当准确地表现了这个人的品德，也决定着其与人相处的模式。

善于攻心的人正是清楚言谈举止与性格、情绪、习惯和价值观的关系，所以通常会在实施攻心行动之前运用"听其言而观其行"的方法对攻心对象进行细心观察。

一是"听"。倾听对方的措辞和谈话内容，了解其知识水平、思维方式、对人对事的看法，以及人生观和价值观；倾听对方的语速语调，了解其性格，因为通常来说，喜欢表达个人独特观点的人，通常喜欢创新，能接受新鲜事物，且为人独立；愿意倾听且倾向于接受他人观点的人，通常会比较好合作，且适应能力较强。说话语速较快的人性格急躁，能言善辩，说话语速较慢的人则性格较为木讷，不善言辞；倾听对方与人交谈的数量，可以获知其性格特点。

二是"观"。观察对方与人交谈时的动作表情，获知其当下的情绪。一个如果与人说话声音高亢，动作多而幅度大，通常说明他此时相当兴奋、激动或愤怒；如果与人说话时声音低沉而柔和，表情平静或面带微笑，则说明他当下心情比较稳定或愉快。观察对方言行是否一致，进而判断其人品。一个言行一致的人，通常重承诺，为人诚信；一个言行不一致的人则通常为人虚伪，不坦诚。

总之，言行是一个人无形的名片，在攻心之前用心观察对方的一言一行，甚至一颦一笑，可以帮助我们很好地了解一个人，进而在与之沟通时运用恰当的方法和话题，使之卸下心防，敞开心扉，愿意与我们来往，促成良好的人际关系的形成。

【事例】

郗鉴的观人识人之能

东晋著名政治家郗鉴能跻身三公高位，被誉为"国之柱石"，与其善于识人之能有着极大的关系。

郗鉴出身于门第不高的高平郗氏，早在西晋末年的时候，就以为人儒雅、清高自重而闻名。赵王司马伦、东海王司马越都想拉拢他为己所用，郗鉴接受了司马伦的邀请，做了一段时间他的掾属（辅佐人员），后来就称病辞官，闭门自守。

晋明帝司马绍即位初期，权臣王敦专权横行，拥有重兵的郗鉴成为明帝解除困局的希望，王敦因此对他特别忌恨。郗鉴在赴尚书令之任途中拜访王敦时，王敦问他："乐广其人无才，一个后生四处流荡，言行有悖于名教朝纲，看看他的实际才能，怎么比得上满奋呢？"郗鉴则答："相比一定要同类型的人才行。乐广为人性情平淡，见识深远，处于倾危之朝，不随意亲附疏远于人。在愍怀太子被废时，可以说柔中有刚，不失体统。满奋是失节之人，怎能和乐广相提并论？"王敦又说："愍怀太子被废之际，和他交往就会给自己带来危机，人怎么能死守着常理呢？就事论事，满奋不弱于乐广是很清楚的。"郗鉴则说："大丈夫洁身北面侍君，谨守三纲之义，怎么可以偷生而变节，这样有何面目居于天地之间！如果是天道已终，也当随之存亡。"王敦因此对他特别不满，故意扣留他，不让他赴任，还让自己的党羽天天威胁恐吓郗鉴。后来，王敦考虑到郗鉴的名气和地位，还是把他放了。

郗鉴想为女儿郗璿从才俊辈出的王氏选个女婿。丞相王导就将王氏青年才俊召集一堂，让郗府管家相看。王家儿郎个个打起精神，展示出自己最好的一面，期望娶得贤妇。管家将看到的情况向郗鉴汇报时说："王家诸郎亦皆可嘉。闻来觅婿，咸自矜持。唯有一郎在东床上袒腹卧，如不闻。"意思是王家的儿郎听说是来挑女婿的，都有些矜持，有的故作庄重，有的过于拘谨不自然，只有一位郎君袒露着肚子躺在东床上，完全没把这件事放在眼里。没想到，郗鉴大手一挥就将那个袒胸露腹地卧在床上的王羲之选为女婿。王羲之也果然不负所望，不但与郗璿相守一生，后来更是成为"书圣"。

【评注】

上述内容散见于《晋书·郗鉴传》和《世说新语·雅量》中。历史对郗鉴的评价褒贬不一，但郗鉴有眼光，善识人，会攻心却是毋庸置疑的。

从拒绝赵王司马伦、选王羲之为婿这两件事上，可以看出郗鉴具备观其行，知其人的识人之智。

当声名远播，八王纷纷招募他之时，郗鉴之所以接受了赵王司马伦的邀请，也是因为想为自己觅一个明主。与之相处一段时间后，他就称病辞官。史书只简单记载因为他发现对方有夺权篡位之心，然而依据史书对司马伦的记载可知，司马伦在镇守关中时，因刑赏不公，统治残暴，引起氐羌反叛。所谓观其行，知其人，作为身边的辅佐之人，郗鉴更能近距离地观察对方，在看到司马伦这样的言行后确定司马伦是不值得辅助之人，就算是登上高位也不会长久。于是他就以生病为由辞官，甚至在司马伦篡位后闭门自守，绝不同流合污。这不但让他保全了节操，也让惠帝复位后任命他为参司空军事，后来还升迁了太子中舍人、中书侍郎。

选王羲之为女婿的依据，虽然不排除郗鉴多少提前做了功课，对王家的子弟有所了解，但要知道，当时的王羲之还没有多大的名气，让郗鉴最终选中他的原因，正是其洒脱随性的举止。相对于其他王氏儿郎过于矜持的表现，王羲之在相亲会上的表现则是相当自然随意，这就可见他不是虚假之人，没有功利心，不钻营，品行端正。事实也证明，王羲之和郗璿婚后琴瑟和鸣、精神相契，二人共育有八子一女，个个都是人中龙凤。

从应答王敦一事上，可以看到他具备听其言断其行的识人之能。史书只记载了郗鉴与王敦的一段对话，而这段对话中一句"乐广其人无才，一个后生四处流荡，言行有悖于名教纲常，看看他的实际才能，怎么比得上满奋呢"，让郗鉴看清了王敦的为人。因为当初贾后严禁太子司马遹的旧臣前去为其送行，但很多人仍然抗令前往，司隶校尉满奋将这一批人全部抓捕，送到河南郡狱，时任河南尹的乐广把这些人都释放了。王敦评价乐广不识时务，却说满奋有才能，让郗鉴看到了其为人的不公正。再联系王敦当时谄媚贾后，后来擅权专政的行为，郗鉴判定对方是一个乱臣贼子，于是就事论事地评价乐广的行为是舍生取义，间接地表达了自己的态度。此后，面对王敦党羽的威胁劝服，郗鉴淡然相对，以不变应万变，结果王敦最终碍于他的名气不得不将他放了。

总之，郗鉴借助于听其言、观其行的识人之能，帮助自己科学地分析和判断他人，从而为自己扫清了人生之路上的障碍，确保少走弯路，平顺仕途，让自己获得成功和幸福的同时，也惠及自己的家人。这就提醒我们，攻心之前练就观察人的本领有多么重要。

二、了解

【原典】

随其嗜欲以见其志意。

【简译】

了解对方的喜好和欲望，就可以推测其志向和意图。

【评议】

这句话出自《鬼谷子·捭阖》，上半句是"审定有无与其实虚"，即观察一个人的日常喜好和内在欲望，就可以推测出他关心什么、想做什么，或是真正的实力。上下两句道出了实施攻心之术前要做的准备——通过了解对方的爱好、欲望和志向，了解这一人的想法和实力。

心理学家皮亚杰就认为，所谓兴趣或是爱好，其实就是基于个体的心理需求而进行的延伸。简单来说，一个人做任何事都是有一定的内在需求和目的，要么是为了自我的心情愉悦，要么为了满足某种欲望。仔细观察身边的每个人，都或多或少都会有着自己的业余爱好，这些爱好反映了一个人的品位和志趣，也在一定程度上反映了这个人内在要达成的目标和需要满足的欲望。因此在人际交往中，了解对方的爱好，获知其欲望，就可以以此为攻心切入点，找到搭建关系的桥梁，促成良好的人际关系的形成。

喜好和欲望是一个人性情、志向和思想的镜子，透过这面镜子你可以了解一个人内心潜在的思维和想法。比如一个人在言谈中表现出对养生的兴趣，那么据此判断此人注重身体健康，乐于享受生活，那么在与之交谈时可能就需要围绕健康和平和的生活展开，而不是讨论如何在激烈的竞争中生存；一个人喜欢运动，且表现出对高尔夫球的擅长，就可以据此判断其对生活质量要求较高，具备一定的经济实力，那么在与之交流中就可以围绕运动展开，可以就如何获得更多的机会进行交流；一个人热衷于读书，就可以据此判断对方是一个喜欢学习、乐于思考的人，那么就可以依据其感兴趣的书籍类型或某本书，断定其性格和志向，从而决定与之讨论交流的过程中注意些什么……

当然，也可能一个人没有任何兴趣爱好，这样的人极少会对什么事情产生共情，就如明朝张岱所说："人无癖不可与交，以其无深情也。"意思是一个人没有爱好，那他是不能深交的，因为他这个人没有什么感情。那么与这样的人交往时就要注意攻心策略的选择了，即不谈感情，只谈利益，借助互利打动对方的心，同样可以建立和谐的人际关系。

【事例】

重钱财，范智失弟

陶朱公范蠡有三个儿子：长子叫范智，他因为有从贫到富的生活经历，尤其是经历过风餐露宿的流浪生活，吃了太多的苦头，因此他特别向往安定的生活，尤其看重金钱，也特别喜欢凭自己的努力挣钱、攒钱；次子范哲是在颠沛流离中出生的，因此非常喜欢武艺，也因此闯了不少祸；小儿子范祈因为从小就过着衣食无忧的生活，因此极富安全感，既不像大哥一样努力挣钱，也不像二哥一样拼命学武艺，他更喜欢享受生活，养成了视金钱如粪土的性格特点。

一次，范哲去楚国的宛县采购一批好的马种时，和县令的儿子发生冲突，失手误伤了对方，导致对方失血而死。范蠡打算派小儿子范祈带1000两黄金去楚国打点，但长子范智坚持要去，在劝说无果的情况下，范蠡只好同意了。范蠡让范智带上一封自己的亲笔信和1000两黄金去见楚国的庄生，且反复叮嘱范智务必将信和千金都送给庄生，无论庄生让他做什么，都要听从他的安排，千万不能自作主张。

范智到达楚国后，发现庄生过着极其艰苦的生活，因而怀疑此人不具备救二弟的能力，但他想到父亲的叮嘱还是将信和黄金都交给了对方，带着同情和疑惑离开了。没多久，范智就听说了楚王要大赦天下，想到二弟可以借此无罪释放，于是找到庄生向其索要送出的黄金。庄生二话没说就把黄金还给了范智。然而没想到的是，范哲却在大赦天下之前被处死了。最终，范智不得不带着弟弟的尸体回了家。

不同于家中其他人的伤心欲绝，范蠡始终态度冷静，一副早知如此的模样。听了范蠡的解释，众人才知道事情坏在范智身上。原来，庄生胸有谋略，学识渊博，深得楚王的欣赏，在楚王面前能说得上话。他收到黄金和信后，第二天就以夜观天象，星宿移位对楚国不利的名义，请楚王大赦天下，借此将范哲救出来。爱财如命的范智的要钱之举，让庄生感到被戏弄，于是故意对楚王说世人传闻此次大赦天下是因为楚王收了陶朱公的钱，想释放他的儿子。楚王就一怒之下先让人杀了范哲才大赦天下。

【评注】

这是出自《史记·越王勾践世家》的一则故事。这个故事表明，一个人的兴趣和欲望决定了其做人、做事的方式，也会直接影响其志向。围绕范哲伤人的命案，故事中的每个人都因各自的喜好和欲求做事，结果虽然不是范家希望的，却实属必然。

范智因为喜欢的是钱，所以注定他以获得金钱、守住金钱为人生目标，行事特别珍惜金钱。庄子说"其嗜欲深者，其天机浅"，他告诫世人，欲望太重的人常常"犯傻"。范智就是因为太爱财，才导致他做事的格局不大，一时昏头做出了因为不愿意白白送人一笔巨款而送掉弟弟性命的举动。

范哲因为喜欢武艺，爱好剑术，所以面对问题，必定用武力解决问题。这就注定了他在与县令的儿子发生冲突时失手伤人，最终自己因此送命的必然结局。

范祈从小生活优渥，不看重金钱，所以必定不会感到送出的黄金没能发挥作用，更不会因为不甘而做出索回的行为。不要说1000两黄金，就算是再多的黄金，这个含着金汤匙出生的富家公子，也不会眨一眨眼。当然，因为索要礼金而得罪人的事情也自然不会发生。

庄生此人极其重视名声，当他收到范智送上的黄金和范蠡的亲笔信时，感受到的不是范蠡的重托，而是被信任、被尊重和被看重。而范智索要礼金的举动，让庄生感觉受到了欺骗和侮辱，于是他一怒之下做出后面的举动就是必然的了。

综上可见，一个人喜欢的东西体现了其内心的需要，决定其行事的风格，而不同的行事风格也决定了人生方向。所以在人际交往中，要学会见微知著，通过一个人的喜好和欲望了解他的内在需求，推测其行事风格和志向，从而能准确地找到与之沟通的内容、方式和方法，确保攻心之术的成功。

三、打探

与之间谍，以观其诚。

派人暗中打探，观察对方是否忠诚可靠。

这句话出自《六韬·龙韬·选将》的八征之术，表明了一种间接获知对方真实情况的方式。援引人际交往中，说明实施攻心之术前不妨通过借助熟识和亲近攻心对象之人的帮助，暗中了解攻心对象的详细情况，多方印证信息的准确性，确保有的放矢，为攻心成功提供保障。

在人际交往中体察人心并非易事。所谓知人知面不知心，现实生活不乏当面一套背后一套的人。因此要了解一个人，除了通过面对面的观察、沟通和交流，还要多方了解对方私下的表现，看他是不是言行一致、说到做到的人。因此，要促成和谐稳固的人际关系，最好广泛观察和验证对方的言行表现，为自己争取到更多的支持者，或者结交脾性相投、三观一致的朋友。

那么具体到实际运用中，要了解攻心对象的哪些情况呢？春秋时期魏国的谋臣李克的话可供学习与借鉴："居视其所亲，富视其所与，达视其所举，穷视其所不为，贫视其所不取，五者足以定之矣。"意思就是要看这个人的日常生活，了解他与谁亲近；看他发财后会把钱给谁，用在何处，了解他的计划性；观察他显赫发达后举荐哪些人，看他品行如何；看他穷困潦倒时做什么，尤其要看他是不是做了不该做的事情；看他贫贱落魄时做了哪些改变困境的事情，重点看他是不是做过违背德行的事。通过了解上述五方面，基本就可以确认一个人的品行了。

如此多的情况，怎么了解呢？有些情况当然可以通过用心的交流和观察得知，有些情况则要借助其他渠道或方式打探，综合多方面获得的信息，互相印证确认后，再进行归纳分析，进而获得对这个人全面而真实的印象。

首先，看对方的交际圈及亲密关系。一般来说，一个人的交际圈可以看到这个人平时喜欢做什么，经常和哪些人在一起，从而获知其性格和爱好。通过他与关系密切的人的互动，比如和朋友的相处模式，同家人的沟通方式，与同事的合作情况，甚至对待伴侣的态度等，可以基本推断这个人的社交方式、沟通习惯、合作能力和对待人和事的态度等。

其次，可以看对方的社交媒体。社交媒体为我们了解一个人提供相当多的信息，比如通过QQ、微信、微博等获知对方的个人资料，通过对方发的帖子和对他人帖子的评论了解他的兴趣爱好、对人对事的看法，以及生活理念和价值观等信息。当然，这些信息还要结合对此人的观察和了解进行筛选印证，毕竟有些人出于自我保护的目的，不愿意在社交媒体上过度展现真实的自己。

最后，可以借助于他人的评价侧面了解。所谓雁过留声，一个人曾经工作、学习或生活的地方，会与不同的人交往，这些交际圈中的人对他自有相应的看法和评价。如果可能，不妨接触一下攻心对象曾经和现在的同事、同学等人，借助于巧妙的交流，获知他们对此人的评价，再结合自己的观察得出相对客观的判断。要注意的是，要多听取一些人的看法，尤其注意与对方有恩怨或交情很深的人的评价，即便他们可能因为个人原因给出截然不同的极端评价，也能从中看出攻心对象在极端情况下的选择和行为方式。

总之，借助于间接打探，多方了解，归纳分析，就可以获得对攻心对象相对全面而客观的了解，从而依据其性格特点、做事风格和思维方式确定与之沟通技巧，明确攻心时的注意事项，以及采用怎样的策略才能获得对方的良好回应，促成攻心目的的达成。

【事例】

老掌柜细心探听成大事

清朝光绪年间，京城有家远近闻名的恒昌当铺。因为老掌柜吉永昌经营有方，注重信誉，老少无欺，恒昌当铺在他手中得以发扬光大，在京城连开多家分店。吉永昌在上了年岁后，就把当铺交给自己一手带出来的少掌柜吉盛荣。

这天，少掌柜吉盛荣在站柜台时，注意到一个人怀抱一个小包在店门转了几个来回，看他似乎有要进店的意思，但又犹犹豫豫地好像在等人。吉盛荣感觉此人穿着体面，不像困难到要靠典当过活的样子。跟着父亲学习多年，吉盛荣也时常遇到一些落魄的富贵人家典当的情况。但这样的人为了避免碰到熟人丢了面子，通常会在店里人少的时候来。没多久，店里忙碌起来，人来人往之间，他也没空过多关注此人。

中午客人渐少，吉盛荣发现那个人还在门外徘徊。于是他便请招呼这个人进店，让伙计上茶，与他攀谈起来。

对方进店后一边连声道谢，一边将怀里的包裹轻轻地放在旁边，随后就开始自述身世。他自称名叫张廷玉，是前门外隆盛斋的老管家，因老掌柜过世，少掌柜欠下巨额赌债，急着把隆盛斋盘出去。他跟着老掌柜多年，不忍心看着隆盛斋这块老招牌就这样毁在少掌柜手里，便想出价盘下这个店铺。但他尚差三千两银子，想从恒昌当铺借贷应急。

这是独撑门面以来第一次遇到这种情况，吉盛荣不得不谨慎又谨慎。考虑到自己与张廷玉今日才见，而且他既无抵押也无保人，竟然张口就想借三千两的巨款，风险实在太大了，于是就婉言拒绝了。

张廷玉像是预先想到了会是这样的结果，轻轻叹息一声就起身告辞。恰好此时外面下起了小雨，他就打开包裹，从里面拿出一套老旧掉色的旧长衫将身上的新长衫换下。吉盛荣不明白他此举的原因，疑惑地看着对方。张廷玉就说新长衫是从朋友处借来的，如果弄脏了不好向朋友交代。

这一幕被带着孙子回来的老掌柜吉永昌看在眼里。他就出言挽留张廷玉，让伙计备好简单的酒菜，两人边喝边聊。席间老掌柜几次借口离开，到后间屋安排伙计去隆盛斋和张廷玉家里打听情况，还特意叮嘱少掌柜吉盛荣去拜访张廷提过的朋友和邻居，听听他们怎么评价张廷玉的为人。

就这样，两人细聊慢饮，这一顿酒硬是喝到了傍晚。看到外面的雨早已停了，天色渐渐暗下来，张廷玉就谢过老掌柜，起身告辞。老掌柜却说："你想贷的银子，明天就可以来取了。"张廷玉惊诧不已。

第二天，父子俩谈起此事，吉盛荣还是担心风险太大。老掌柜神秘地一笑，说："识人贵在识品。我观察此人错不了，明年再看吧，这单生意稳赚不赔。"

一年后，张廷玉不但连本带息归还了贷款，还一路吹吹打打地送来一块"急人所难"的金匾。此后，恒昌当铺的声誉不仅因此事更上一层，而且随着两家的关系日益亲和，在生意场上互相照应，都成为其所属的领域的佼佼者。

【评注】

在这个故事中，精明的老掌柜之所以敢贷款给既无抵押又无担保的张廷玉，关键就在于提前做足了功课。看似漫不经心的闲谈，却是他探听隆盛斋和张廷玉本人的情况的方式；派少掌柜和伙计分头去打探了解到的情况，正是借助于反馈确认事实，了解了张廷玉的品行和口碑的过程。而这一切是他最后能放心大胆地接下这单借贷生意的前提。下面，我们具体来看老掌柜是如何一步一步获得准确的信息，做出正确的决策，最后实现名利双收的。

首先，他从张廷玉跟随老东家辛苦创业，有意盘下店铺，保留隆盛斋老招牌的举动，判定此人具备忠心和顾念旧主的品德。

其次，张廷玉看到外面下雨，道路变得泥泞时，不顾个人颜面，在店里就换上自己的旧衣鞋，只为了不弄脏借来的新衣鞋，表明此人严于律己，珍惜和注重个人信誉。

再次，两人席间闲谈，他几次到后堂安排人打探隆盛斋和张廷玉本人的真实情况，核验其是否言行一致，同时还让人从张廷玉的邻居和朋友口中了解他的人品和口碑，借助反馈验证自己的判断。

最后，他在两人边喝边聊的过程中，观察张廷玉的言谈，了解到他具有经营能力和丰富的生意经，确信隆盛斋能在他手中重新振兴起来。

就这样，通过多方面的打探、观察和验证，他不仅透彻地了解了张廷玉的品德和面对的难题，还明确了怎么做才能真正帮到他。就这样，经过步步打探核实，最终接下在别人看来风险太高不可做，实则稳赚不赔的借贷生意，不但解了对方的燃眉之急，也成就了自己，获得了生意场上的一份助力。在人际交往中，我们同样可以借鉴老掌柜打探和收集信息的方式，确定攻心目标和攻心策略，从而精准高效地实施攻心之举，达成攻心目标。

四、审核

【原典】

权衡轻重，审度评判。

【简译】

权衡信息的真伪虚实，进而加以审度和评判。

【评议】

这句话出自《鬼谷子·捭阖》，原句是："皆见其权衡轻重，乃为之度数。"大意是指做事之前要考虑周详，权衡事情的轻重缓急，辨别信息的真伪虚实，再结合事情发展的实际情况谋划行事。这是衡量一个谋略是否恰当的关键，用于人际交往中，则在提示我们，在实施攻心之前要对直接或间接获得的相关信息进行审查，去粗取精，去伪存真，最后再确定攻心目标、切入点和策略，如此才能成功地打动对方，达成自己的愿望。

具体到实际的人际交往中，不妨通过以下几个步骤对获得的信息进行审定：

第一步：把事情的基本情况和信息梳理一遍，理清哪些是已经确定的，哪些是未确定的，通过互相验证审核真伪，对整体情况了然于胸。

第二步：将不利于攻心的信息提取出来。重点标记出那些可能影响到双方关系的信息，比如对方的隐私、短处和做事的禁忌等，以便提醒自己在沟通的过程中避免无意中触碰对方的痛处。所谓打人不打脸，骂人不揭短，如果人际相处中无意中揭开了对方的伤疤，那就不是交友，而是在结仇了。

第三步：将模棱两可的信息弃之不用。攻心的目标在于获得支持而不是树立敌人。如果随意采用不确切的信息，就可能在双方沟通中误导对方，给对方留下不好的印象，不仅影响双方的关系，还可能破坏攻心目标的实现。须知第一印象直接影响人际关系的发展，甚至可以直接决定双方关系的建立。

第四步：将信息按重要程度排序。所谓人心难测，要打动人心更是一件难事。因此在攻心之前，要对获得的各方信息按重要程度进行排序，以确定在怎样的情境中运用哪些信息，避免信息大材小用，没能发挥到攻心的最佳效果。

泰戈尔说："虚伪的真诚，比恶魔更可怕。"虽然成年人的世界中没有简单，但真诚永远是人际相处的重要原则。因此在攻心之前，审核相关的信息一定要本着服务于真诚沟通，建立良好的人际关系为宗旨，任何不利于建立良好关系的信息都要坚决弃之不用，唯其如此才能以真心换真心，结交到真正的朋友，获得对方发自内心的帮助与支持。

【事例】

权轻重，孙膑报仇

孙膑和庞涓生活在中国历史上最混乱也是最出人才的时期——战国。作为战国时期的两个重要人物，他们都极富谋略，擅长攻心之术。然而成为魏国上将军的庞涓被嫉妒冲昏了头脑，没能权衡轻重，审度评判，结果被错误的信息误导，最终兵败身亡。

当初，庞涓和孙膑都投在鬼谷子门下学习，是鬼谷子著名的学生。但是庞涓因为功利心太重，学习不够专注，无论是悟性和本领都要比孙膑差一些，这让他对孙膑嫉妒不已。庞涓成为魏国的大将军后，颇有志得意满之感，便想在师弟面前扬眉吐气一番。他向魏惠王（魏国国君）举荐师弟。当孙膑得到魏惠王的赏识后，庞涓感觉自己的地位受到了威胁，心中的妒火越发猛烈地燃烧起来。他趁孙膑刚到魏国根基未稳，在魏王面前诬陷孙膑私通齐国谋反，魏王大怒要杀孙膑时，他又假意为其求情。死罪可免，活罪难逃，孙膑被剜掉双腿的膝盖骨，脸上也被刺了字，交由庞涓监管。庞涓在孙膑面前装出兄弟情深的样子哄骗他交出兵法，背后又指使人极尽羞辱他。孙膑暗暗观察庞涓的言行和态度变化，再结合从监督折磨他的士兵那里听来的只言片语，逐渐理清了事情的真相。他明白自己落到如今的下场都是拜庞涓所赐。于是他开始装疯卖傻来麻痹庞涓，整天与猪狗为伍，甚至当着庞涓的面与猪抢食。庞涓虽然疑惑，但看到他这样不正常的行为也不得不信以为真，渐渐放松了对他的警惕。孙膑每天像狗一样爬到集市，偷偷观察暗中监视他的人，听街头巷尾的人们谈论大小消息，希望能找到逃跑的机会。一日，他听说有齐国使臣出使魏国，他一直在等待这样的机会。他就暗暗记下齐国使臣的行程和驻地，并在卫兵放松警惕时，隐秘地会见了齐国使臣。最终借助齐国使臣的帮助成功逃到齐国，被齐王拜为军师，协助大将田忌作战。

前342年，庞涓率领魏军去攻打赵国，田忌、孙膑奉命率齐军救援。针对庞涓为人多疑的特点，孙膑采用了围魏救赵之计，派一路军队直奔魏国都城大梁而去。庞涓获知信息后，连忙率大军回撤，去保护魏国。在回魏国的路上，庞涓发现齐军扎营之处，炉灶的数量从开始的够10万人吃饭用，到后来只够5万人吃饭，再到够3万人用，他想当然地认为齐军中有一半的人当了逃兵，于是对齐军起了轻视之心，因此毫无顾忌地忽略了情报的准确性，甚至忽略了天时和地势因素，一路苦追齐军。等追到高山深谷间的马陵道时，他才发现天黑了，前行之路被成堆的乱木巨石堵住了。最可气的是，庞涓发现唯一没被砍倒的大树上竟然有孙膑刻下的"庞涓死此树下"的字句，他才惊觉上当。没等发出撤兵的命令，他就被齐军射来的箭矢击中，最终不得不自刎而死。

【评注】

上面的故事记载于《东周列国志》，整件事中庞涓和孙膑二人共同使用了攻心之计，一个失败，一个成功，关键的原因就在于对所获信息的审核上。

从孙膑的角度来看，他在实施攻心之计前，先充分审核相关信息。他对自己落到那样凄惨的下场是不是全是由庞涓导演的，先进行了分析，他最初并不相信庞涓有害自己之心，但他对比了庞涓的言行变化，并且汇总了听到的只言片语之后，他才明了庞涓的真实意图，从而依据对庞涓的了解设计了装疯之计，以疯疯癫癫的狂乱之举迷惑庞涓，暗中记下有用的信息，终于成功地逃出魏国。同样，在马陵道之战前，他更是基于对庞涓和对魏军的了解，知道庞涓最担心的就是兵力空虚的魏国都城大梁，于是在权衡之后确定了围魏救赵之计。而在实施这一计策的过程中，孙膑更是基于对信息的审核和筛选，比如庞涓的性格、魏军的粮草辎重和回撤时的行军速度，以及到哪里驻扎等，有针对性地采用了减灶之策，让庞涓产生轻敌之心，最终自投罗网，兵败身死。其攻心之术的运用令人感叹，实施攻心行动之前对信息的审核更令人称道。

从庞涓的角度来看，他同样对孙膑实施过攻心之计，把孙膑请到魏国时摆出一副兄友弟恭的姿态。陷害孙膑成功后，他以为孙膑就是他脚下的一只蚂蚁，断无逃脱的可能，便不再梳理辨别孙膑疯癫痴狂、与猪狗同睡、与猪争食等现象的真伪，致使他疏于防范，竟连孙膑私下会见齐国使臣都不知道，一味执着于所谓的兵书。马陵道之战前，他看到齐军丢弃的盔甲和日渐减少的炉灶，他没有识破这是孙膑的减灶之计，更没有审核这些情报的真伪，便武断地认为齐军逃兵太多，终因轻敌而中计身亡。我们也可以做一假设，庞涓与孙膑本就是亲如一家的同门师兄弟，如果他能真诚以待，以心换心，孙膑心甘情愿地将兵书奉上也未可知，最差也不至于落得如此悲惨的结局。

　　综上所述，不管是两军对阵的战场，还是竞争激烈的贸易场，要获得攻心的胜利，就要学会筛选和审核信息，以便更好地了解攻心对象和确定攻心策略。这样不仅能成功实现攻心目标，还能收获真正的朋友和人生的"贵人"。

第三章

攻心之言

　　英国诗人本·琼森说："语言最能够暴露一个人，只要你说话，我就能了解你。"这句话道出了语言在人际交往中的作用。语言虽然无形无色，但具备实实在在的表现力量，悄悄地影响着人与人的关系。所谓"良言一句三冬暖"，一句话可以使人心平如镜，也可以使人暴跳如雷。温和有度的话语巧妙地发挥着移山填海的力量，可以帮我们实施攻心之举，也可以助我们创设良好的人际关系。

言而有道，言辞有度

一、择人

【原典】

与贫者言依于利。

【简译】

和贫穷困苦的人说话，要让对方看到有利可图。

【评议】

这句话出自《鬼谷子·权篇》，它的前后句子分别是"与智者言依于博，与拙者言依于辨，与辨者言依于要，与贵者言依于势，与富者言依于高""与贱者言，依于谦；与勇者言依于敢；与过者言依于锐"。大意是说，与聪颖智慧的人说话，要旁征博引；与执拗笨拙的人说话，要善于辨析事理；与善于辨析事理的人说话，要善于抓住重点、简明扼要；与身份尊贵的人说话，要有不卑不亢的气势；与富贵有钱的人说话，要高雅大方；和地位卑微的人说话，要谦逊尊重；与威猛勇敢的人说话，要果敢坚毅；与频繁出错的人说话，要敏锐善诱。

　　这句话很长，但核心意思只有一个：在人际交往中要依据交流对象的身份、地位和背景，选择相应的说话策略，即择人说话。所谓"择人"，就是了解对方的沟通模式和关心的话题，从而科学地选择语言，达到走进对方的内心，使其心情愉悦并产生好感，向你敞开心扉的目的。这里的"择人"，并非见人说人话，见鬼说鬼话，而是要因时、因地、因人制宜，有智慧有技巧地说话。

　　有一天孔子带着几位弟子去郊游，他们的马不小心闯入农田，踏坏了秧苗。孔子让一个弟子去给农夫道歉，把马牵回来。弟子态度诚恳，满口之乎者也地表达歉意。结果农夫好像什么都没听懂，满脸怒气地把他赶走了。他哭丧着脸回来向老师复命，孔子说这是他的错，不应该安排这个学生去，让马夫去办这件事更妥当。马夫离很远就大声赞叹庄稼真好呀，是自己从来没见过的好庄稼，怪不得自家的马在自己一不留神的时候就跑到地里来了。接着，马夫开始骂马，说自己的马真是个不懂事的畜生，这么好的庄稼，它怎么忍心踩踏呢，自己回去非好好修理它一顿不可。听了马夫的夸奖，农夫脸上露出了笑容，态度大变。马夫也就不辱使命，开开心心地把马牵了回来。

　　不同生活和文化背景的人有不同的思维和语言模式，如果双方用彼此能够接受的模式沟通，互相之间更容易理解，反之则可能障碍重重。比如同农民说话就不能咬文嚼字地故作高深，与大学教授说话也别粗鲁豪放，否则就是鸡同鸭讲，对方可能一脸懵懂，一句也没听进去。因此，要想与人建立良好的沟通，首先要在语言和话题上与其同频，搭建起有效沟通的桥梁，让对方认同你，欣赏你，那么攻心就是水到渠成的结果了。

当然，说话是一门高深的艺术，做到句句圆满实在不容易，但只要借鉴鬼谷子的智慧精华，注意对话的对象和场景，在沟通模式上与对方同频共振，把握好说话的尺度，便能获得良好的沟通效果，也会让自己在人际交往中得以一路绿灯地顺畅前行。

【事例】

狄仁杰智答女皇

众所周知，武则天是中国历史上著名的女皇帝，胆识、谋略超群。在这样一位出色的女皇面前，臣子们说话当真要既谨慎又要讲智慧。狄仁杰在这位女皇当政期间位列宰相，被尊称为国老，谱写了君臣相知的篇章，这与他善于择人说话有着密切的关系。

武则天登基为帝后，曾经两度官拜宰相的娄师德向她推荐了时任洛州司马的狄仁杰。当一纸诏书将狄仁杰传到京城后，女皇就在朝堂上问："卿在汝南时，甚有善政，欲知谮卿者乎？"意思是你当初在汝南工作时有很多人在背地里说你的坏话，你想知道他们的名字吗？狄仁杰听罢，不卑不亢地笑着说："陛下以臣为过，臣当改之；陛下明臣无过，臣之幸也。臣不知谮者，并为善友，臣请不知。"意思是，自己是不是有错，陛下自然有判定标准，倘若陛下认为他有错，他会努力改过自新；倘若陛下认为他没有错，他会将陛下的恩德牢记于心。至于那些背后中伤他的人，他不想知道，而且如果有可能他还想和这些人交朋友。这话说得入情入理。女帝由此认定他是值得任用的可信之人，从此不断对他委以重任。

酷吏来俊臣为祸朝堂期间，身为宰相的狄仁杰与他本就有过节，当然也不可避免地遭到迫害。其他大臣遭到不公平待遇会大声鸣冤，严刑拷打也不屈服，狄仁杰没等来俊臣用上酷刑就相当爽快地在认罪书上签了名。当然，他也不是签完名就等死，而是找机会将一封有理有据的陈情书送到监狱外，让儿子狄光远呈送给女皇。原本听来俊臣说狄仁杰对谋反之罪供认不讳，女皇就心存疑虑，见到那封陈情书，自然要当面听一听狄仁杰自己怎么说。没想到狄仁杰坦率地告诉女皇，自己如果不认罪，那么女皇见到的就是一具枯骨了。于是由于女皇亲自过问，狄仁杰得以昭雪，官复原职。

武则天晚年开始考虑继承人的事情，面对的是武承嗣、武三思和李显三个人选，前两个人是武则天倚重的侄子，后者则是她的亲儿子。就在武则天举棋不定的时候，狄仁杰却早就察觉了她的心思，于是本就希望将皇位归还李唐的他多次暗示女皇尽快做出决断。武则天不满于狄仁杰插手太子人选的事情，狄仁杰却说身为人臣，理当为皇帝分忧，皇帝的事情就是他的事情，他怎么能袖手旁观呢？当武则天将自己的顾虑告诉他后，狄仁杰委婉地对武则天说，侄子和儿子相比，当然是儿子更重要，而且自古以来没听说过侄子到太庙祭奠姑姑的。于是武则天经过深思熟虑，将李显召回，恢复了他的太子之位。

【评注】

狄仁杰的成功，不仅因为他具备过人的智谋，还因为他善于发挥语言的力量，打动女皇的心。我们一起来分析一下故事中狄仁杰与武则天的三次对话，看他面对高高在上的女皇是如何择人对答，达到攻心目的的。

一是巧答中伤者名字问题。实际上，当"欲知谮卿者乎"这句话由身为女皇的武则天说出时，含义就比较耐人寻味了。狄仁杰如果答：想知道，说明他心存报复之心，表明其心胸狭窄，是不堪担大任之人；狄仁杰答：不想，又不免让人感觉过于虚伪，毕竟那些人对他的中伤是实实在在发生的。正是考虑到面前是天子，所以狄仁杰以臣子的身份先表明自己唯陛下马首是瞻，自己的对错只有陛下能评判，态度可谓不亢不卑。而他表达愿意和中伤他的人成为朋友，则向皇帝表明了自己豁达的心胸。这样的臣子，怎么不让武则天欣赏且愿意重用呢？

二是认罪书一事。在这件事中，狄仁杰更是以不同于他人的态度对待武则天，那就是坦诚。他对女皇直言自己怕死，只有活着出来，女皇才能为自己洗清冤屈，他的坦诚打动了武则天，让她消除了疑虑。加之他不同于其他大臣呼天抢地喊冤的表现，而是在陈情书中条理清晰地陈述事实，更让武则天看到了他的机智和干练。

三是插手太子人选一事。自古以来，凡参与储君人选事宜的人，几乎没得以善终的。狄仁杰之所以得以全身而退，还成功地达到还天下给李唐的目的，就是因为他会择人说话。寥寥几句，就说到了武则天的心坎上。陛下的事情就是臣的事情，一副自己人的架势，怎能不令女皇坦诚相告？侄子和儿子哪个重要的发问，触动了一位母亲的心；没听过侄子在太庙祭奠姑姑，更让担心身后事的武则天明确了自己的心意。狄仁杰简短的几句话，分别针对武则天母亲和女皇的身份而说，切中她心中不可言说的隐忧，成功达到他攻心的目的——还政于李唐。

狄仁杰抓住了"与贵人言，依于势"的本质，他不卑不亢的气势、刚正不阿的表现和坦诚又有技巧的话语，使他屡次劝谏女皇时都达成攻心的目标。

俗话说"择人而言，量体裁衣"，与人交谈时要考虑对方的身份、个性和爱好，因人而异地选择谈话的方式和内容，这样才能走进对方的内心，获得对方的信任和好感，从而促进攻心目标的达成。

二、饰言

【原典】

工欲善其事，必先利其器。

【简译】

工匠要想做好活儿，就一定先把工具磨得锐利。

【评议】

这句话出自《论语·卫灵公》，是一句传诵千古的名言，向我们揭示了做事前做好充分准备的重要性。套用到攻心语言的运用上，这句话提示我们与人沟通前，要学会修饰润色自己的语言，如此才能让简单的语言发挥打动人心的巨大作用。

所谓"一句话把人说笑，一句话把人说跳"，一个人在说话时的语言组织方式直接决定着与人交流的效果。善于攻心之人在与人交流时，总能巧妙润色个人语言，依据交流对象和情境为语言披上合适的外衣，从而让语言服务于交流，达到拉近双方关系、打动人心的效果。

一位国王在某一天晚上做了一个梦，梦见自己满嘴的牙都掉了。

第二天，他特意找来两个擅长解梦的大臣为他解梦。一个大臣说："牙代表陛下的亲属，满嘴的牙全掉了说明陛下会在所有的亲属都死后才会死。"国王听了特别生气，下令把这个大臣打了一顿后赶了出去。轮到第二个大臣解梦了，他装模作样地思考了一下说："至高无上的国王，从您的梦的内容来看，您将是您所有亲属中最长寿的那位呀！"国王一听，特别高兴，赏了他100个金币。

这个小故事相当形象地说明了人际沟通中善于修饰润色语言的重要性。同样的内容，用对方愿意接受的语言表达出来，就会起到积极的作用；反之，则会触发对方不良情绪，破坏沟通的氛围和效果。那么实施攻心之术时，如何修饰语言，方能让语言产生积极的效果呢？

一是要注意说话委婉。很多人为自己说话直截了当而自豪，但却没注意到正是由于说话过于直接，经常让他人感到尴尬，影响了人际关系。因此与人说话时，尤其是提意见时要措辞委婉或幽默，利于对方接受。比如对方打电话的声音过高，影响我们休息时，不妨笑着夸对方的电话音质好，在走廊打电话，办公室里都清晰可闻。这样的提示，既保全了对方的脸面，又给对方提了醒。

二是要注意多用夸奖之词。擅长攻心之术的人在说话时最突出的表现就是不夸人不说话。这样的人总能发现他人的优点，并在交流中自然地表达对对方的欣赏和肯定，让对方感到舒服的同时愿意利用其长处为别人提供帮助。比如想请擅长做PPT的同事帮自己修改PPT时，就可以夸对方PPT做得快又好，如此一来对方就会获得良好的心理体验，从而愿意用自己所长为我们提供帮助。

　　三是要注意措辞礼貌。人际交往中如果不注重礼貌，就会让对方在沟通中产生不良体验，觉得不被尊重。因此要达到攻心的目的，礼貌要先行。比如要依据对方的年龄、身份或性格，给予恰当的尊称；要及时表达感谢或抱歉，且在表达时要真诚；等等。

　　总之，一样话百样说，适当的言辞修饰是不可忽视的重要因素。人际沟通中言辞修饰就像给一幅画装裱，使语言更具欣赏性和说服力，可以吸引对方的注意力，使其愿意听也想继续听下去，进而引发对方的反思，助力攻心目标的达成。

【事例】

淳于髡巧言进谏

　　战国时期齐威王手下有一位能言善辩之人叫淳于髡。这个人本是奴隶出身，身材矮小，其貌不扬，但由于才思敏捷，加之掌握了语言表达的技巧，因其会说、善辩、巧进谏而被齐威王奉为上卿。

　　齐威王继位初期，纵情声色，竟然三年没有处理过任何政务，大臣们忧心忡忡，纷纷劝谏，结果谁进谏他就杀掉谁。就在人人自危的时候，淳于髡来面见齐威王。君臣一见面，他就针对齐威王喜欢猜谜语的特点，给他出了一个谜语："国中有鸟，止王之庭，三年不飞又不鸣，不知此鸟何也？"这句话的意思是：一个国家有一只大鸟，栖息在王宫中三年了，不飞也不叫，这是一只怎样的鸟呢？齐威王一听，就明白了他的意思，于是回答："此鸟不飞则已，一飞冲天；不鸣则已，一鸣惊人。"意思是，这只鸟不飞就罢了，一旦飞起来必定气势惊人。果然没多久，齐威王就重回朝堂，用心治理国家，齐国也逐渐强大起来，称雄于诸侯。

齐威王在位第八年，楚国大举进攻齐国。对方来势汹汹，齐国无法抵挡。经过朝堂会议，淳于髡因为能言善辩，受命到赵国去搬救兵。临行前淳于髡去清点齐威王准备送给赵国的礼品，结果一看，只有100斤黄金，10辆驷马车。这些礼品用于士大夫之间来往还可以，用于两国之间，尤其是有求于人家时的礼品，实在是拿不出手。怎么才能让君王拿出更多的礼品呢？淳于髡略加思索后，放声大笑起来，笑得把帽带都挣断了。齐王自己也知道礼品不多，就不好意思地问："是不是礼物少呀？"淳于髡说一点也不少。齐王又问："那你笑什么呢？"淳于髡说："我想起今天上朝路上看到的一件怪事，就忍不住笑了。"齐威王好奇地问是什么怪事，淳于髡说自己在上朝路上看到一个农夫对着一个猪蹄和一个小酒盅在向天祈祷，请老天保佑他今天能收获可以装满家中大大小小各种器具，将所有仓库都堆得装不下的粮食。于是当时就想，这个农夫竟然想凭着这么少的祭品去换取那么多的东西，所以感到特别好笑。都是聪明人，齐威王马上明白这是在暗示自己准备的礼物太少了，于是干脆地让人把礼物增加到黄金千镒、十对玉璧和驷马车100辆。淳于髡这才带着这些礼品奔赴赵国，并成功地从赵国搬来十万救兵，解了齐国的危局。

【评注】

上面的故事出自《史记·滑稽列传》，极具代表性地表现了淳于髡善于借助语言的魅力，达到攻心的目的。

就劝谏齐威王这件事来看，他能不着一个"劝"字，却达到了促使齐威王回归朝堂、专于政事的目的。其中的根本原因就在于他能针对齐威王的喜好，巧妙地修饰语言，选准切入点，借谜语提醒对方，而非枯燥而令人反感的说教。这样的说话方式，幽默风趣，自然不会引起齐威王的反感，不但让他感到新鲜，而且给对方留足了颜面，齐威王当然投桃报李，也用相同的语言回答他，承诺自己一旦专注于政事，必定会让齐国强大起来。果然，事实也证明齐威王的确做到了。

就讨要礼品这件事来看，淳于髡可谓将语言在攻心中的作用发挥到了极致。面对微薄的礼物和肩负的重任，淳于髡是有苦说不出来。直说，齐威王会认为他无能，只想凭丰厚的礼物打动赵国，而不是凭自己的口才和能力；不说，自己带着这点微薄的礼物，且不说能不能请来救兵，还会丢了齐国的脸面。怎么才能让齐威王主动添加礼品呢？淳于髡同样发挥了语言的作用，又借一个故事暗示齐威王，用这个故事中的农夫影射齐威王，老天指代可以帮助齐国脱困的赵国，而微薄的祭品则暗指送给赵国的少得可怜的礼物。在这一过程中，淳于髡除了笑和讲故事，没提任何礼品之事就达到了目的。其攻心之言可谓高明！

由此可见，要达到攻心的目的，善于修饰润色语言就可以用巧妙委婉的表达方式将自己的真实目的传达出来，进而让对方主动配合自己，达到最终的目标。

三、善言

【原典】

在邦无怨，在家无怨。

【简译】

在朝堂上不会招来不满，私下与人交往也不会惹来怨恨。

【评议】

这句话出自《论语·颜渊》，前半句是"己所不欲，勿施于人"，意思是自己不愿意要的，不要强加给别人。这两句话提示我们，做人做事的时候倘若能换位思考，顾及他人的感受，那么无论在何处都能获得他人的欣赏和尊重，进而营造良好的人际关系。

要促成这样的人际关系，除了在行动上要设身处地为他人考虑，说话时也要替别人考虑，绝不能为了让自己痛快，口不择言，伤害他人的情感，影响了双方的关系。简言之，就是人际相处中与人说话，要多说善言。

何谓善言？善言是良言，可以产生"一句三冬暖"的效果；善言是美言，可以让人感受到生活的美好，人性的美好，产生"一句话把人说笑"的效果。善言是积极的语言，当我们用它与人交流时，对方就会感受到尊重、理解和关爱，感受到温暖和支持，不但可以获得激励，焕发出积极能量，而且可以因为我们的善言而更加乐观、自信、勇敢，于是对方就愿意接近我们，亲近我们，并愿意与我们交流合作。这样一来，我们就收获了他人的信任和尊重，自然就能实现攻心的目的。

正所谓刀伤好愈，言伤难平。无论是在工作还是生活中，我们唯有做到口出善言，说话留口德，不恶语伤人，才可以凭着自己的人品获得更多人的支持和帮助，也就可以守住自己的运气和福气，让自己的人生变得越来越好。

【事例】

贺若敦父子因言获罪

贺若敦和贺若弼父子是南北朝至隋朝时期的名将，曾为其效力的王朝立下汗马功劳，也因此封侯拜将，但最终结果却不太好，这究竟是为什么呢？

贺若敦的先祖世代为部落首领。他的曾祖父投身北魏，做了都官尚书，继而他的祖父做了云州刺史，他的父亲被封为秘书郎，其家族才算正式跨入官宦行列。贺若敦从小就头脑聪明，身强体壮，他特别喜欢舞枪弄棒且很有志气，外出学习武艺，练就了一身本领，箭术尤其惊人，曾"弯三石弓，箭不虚发"。后来，更因为在15岁时凭一己之力杀死十多个强盗的事迹而名扬天下，被授以都督、骠骑将军等官职。北周末年，贺若敦看到自己从前的战友都被封为大将军，只有自己不是，心里已经很不平衡。后来，晋王宇文护又因为他丢失了湘州城而剥夺他一切官职，贬为平民，这就激起了他对朝廷的不满和怨恨。当朝廷派来的使者来到时，贺若敦当着使者的面就发起了牢骚，抱怨朝廷不公。使者回宫后向宇文护告发，于是宇文护就找个理由让贺若敦回朝，逼他自杀了。

　　贺若弼是贺若敦的二儿子，所谓虎父无犬子，他也像他的父亲一样少有大志，骁勇善战，善于骑射，同样也凭着战功得以在隋朝封爵拜将。随着身份地位的提升，贺若弼开始骄傲自满，并自以为战功和成绩其他朝臣无人能比，于是经常自称宰相。高颖、杨素被提拔为宰相后，贺若弼因为心理不平衡就对外说这两个人是酒囊饭袋，以此表达对朝廷的不满。这些不满的言论被人汇报给隋文帝，隋文帝就罢了他的官。没想到，贺若弼不吸取教训，反而更加怨恨朝廷，平时的言语间更是怨气冲天，隋文帝将他抓起来关进牢狱。政敌们纷纷上书请求判他死刑，但隋文帝考虑到他立下的战功，只是将他贬为平民，但每次宴请赏赐朝臣，都有他的份，而且待遇很好。然而这些都没能平息贺若弼内心的怨恨之情，甚至隋文帝让他作诗时，他也在诗中表达愤怒。后来隋炀帝杨广继位后北巡时，贺若弼随行。当他看到用来接待突厥可汗和部众的帐篷大到可以容纳数千人时，就私下里跟朝臣议论，指责杨广太奢侈，再次被人告发给杨广。杨广就以诽谤朝政的罪名将他杀了。

【评注】

从上面的内容可以分析出，夺去贺若敦、贺若弼父子二人性命的，不是宇文护，也不是杨广，而是他们不懂得控制自己的怨言。

从心理学上看，抱怨是一种情绪宣泄，是个体在遭遇到不公平的对待或遇到不愉快的事情时表达自己对当事人的不满的行为。个体因为受情绪的影响，其抱怨之词多充满了负能量，多是恶言恶语，而不是善言善语。当这些恶言恶语传播开来，就会影响周围人的情绪，进而引发人际关系的紧张。

贺若敦、贺若弼父子的抱怨之语，表达了对朝廷的不满，也是对当权者的不满。无论他们受到的处罚公平与否，他们的抱怨之词都影响了周围的人的情绪，甚至在某种程度上会影响他们对朝廷、对当政者的信任，更不利于君臣关系的和谐。尤其是贺若弼，称同为朝臣的高颎、杨素为酒囊饭袋，这种赤裸裸的人身攻击，必然引发他人的不满，因此在他被贬为平民，甚至被捕入狱时失去了往日同僚的帮助。而他在私下嘲讽隋炀帝的行为，更是严重影响了君臣关系。正所谓"恶语伤人六月寒"，当贺若弼对周围的人恶语相向时，同僚情和君臣情必然受到伤害，结果就是众叛亲离，落难时无人为其求情，对其伸出援助之手。

《论语》云："君子欲讷于言而敏于行。"能否谨言慎行是衡量一个人是不是君子的重要标准，也是一个人能否赢得他人的尊重，进而建立良好人际关系的重要前提。因此在人际交往中，要获得他人的支持和帮助，就要对他人真诚相待，不抱怨、不讽刺他人，用自己的美好的德行赢得他人的喜爱和尊重，从而让自己做事少些障碍。

四、慎言

守口不密，泄尽真机。

如果不能严守嘴巴这个大门，就容易把自己内心的真实想法泄露出去，进而给自己招致意想不到的祸患。

这句话出自《菜根谭》，强调了祸从口出的道理，提示我们在人际交往中，想要与人建立良好的关系，就要在与人说话时保持谨慎的态度，斟酌字句和内容，权衡说话的方式，避免因为言语不当，引发双方不必要的冲突，给双方带来不必要的损失。

某人做东请几个朋友吃饭。约定时间过了很久，客人还没到齐。这个人着急了，一边不停地看手表一边嘟哝："怎么回事，该来的怎么还没有来呢？"一位已经就座的客人听到了，暗想："他说该来的还没来，那是说我是不该来的？我还是识趣的走吧。"于是抬腿便走。

这个人一看更着急了，就说："怎么不该走的却走了呢？"因为声音挺大，其他客人都听到了，也纷纷离席要走。这个人急了，拦着他们问为什么，大家说："你刚才说不该走的却走了，那我们这些剩下的就是应该走的了。既然如此，那还在这儿干什么？"……

这是一个关于请客的笑话，但极好地说明人际交往中说话不慎会造成怎样的不良影响。所谓言多必失，高明的攻心者会在与人交流时牢记"守口不密，泄尽真机"的古训，清楚什么样的话可以说，什么样的话坚决不说，以免发生误会，造成不必要的伤害，影响良好的人际关系的建立。

具体来说，在人际交往过程中，要打动对方，营造和谐的关系，就要从以下几方面提醒自己，说话要谨慎：

一是不要谈有争议性的话题，比如宗教信仰、对某种文化的看法等。因为这些话题极易引发争论和冲突，言语不慎便会影响双方的交流和情感的建立。一旦对方谈到这样的话题，那么我们就要注意适时沉默，多听对方说什么，不要轻易表态，以免引发不必要的争执和冲突。

二是涉及自己或他人隐私、家庭纠纷、个人缺陷等话题不谈，要在他人谈起上述话题时只听不说，且做到守口如瓶。这种态度，既体现了对他人的尊重，也在一定程度上借助于沉默，让话题不会持续或延伸，避免引发尴尬和不适，或者无意中伤害他人的感情，同时也用行动向对方证明了我们的素质和修养，为自己的人品加分。

三是不谈论那些捕风捉影的小道消息。网络的发达使得谣言满天飞，中伤他人的事情时有发生。或许我们不经意的一句话或一个动作就会被他人曲解，引发误会和传言。为此，在与人交流中要谨言慎行，时刻保持警觉，不轻易表露自己的真实想法，而是多用双眼观察，多动脑思考。

【事例】

司马曜言多送命

司马曜是东晋开国之君司马睿的孙子，简文帝司马昱的第六个儿子，他从小聪明伶俐，对事对人有着自己独到的看法，名臣谢安称赞他对事情的认识和他的父亲司马昱不相上下。372年，简文帝司马昱终前立下遗诏封司马曜为太子。随后，在朝臣，尤其是太原王氏势力的支持下，年仅10岁的司马曜登基为帝。

登基之初，因为桓温总想取而代之，孝武帝这个皇帝当得战战兢兢。等桓温死后，因为皇权实际把握在太原王氏和陈郡谢氏两个门阀士族手中，司马曜实际上就是傀儡，因此这个皇帝当得憋憋屈屈。淝水之战后，司马曜终于收回皇权，得以亲政。或许是多年的压抑情绪终于得到释放，其性格中不喜欢依循旧例，有点叛逆的特点就充分暴露出来。司马曜开始放飞自我，做事无所顾忌，说话口无遮拦，耽于享乐，沉湎酒色。自称"女中酒仙"的张贵人因为善饮，因为经常陪他喝酒作乐，最得他的宠爱。

一天晚上，孝武帝司马曜和张贵人又在一起喝酒。喝到半夜，张贵人也有些受不住了，就连连告饶，请求退席休息。这让喝得正高兴的司马曜感到很扫兴，他生气地说张贵妃抗旨不遵，要定她的罪。张贵人自恃受宠，无论司马曜怎么命令就是不喝。司马曜感到很无趣，就半开玩笑地说："汝以年当废，吾已属诸妹少矣。"就是说，你已经年近三十了，美色已逝，还占着一个贵人的名位，明天我就把你打入冷宫，另找一个年轻貌美的姑娘。说完这些话，司马曜酒劲上头就睡过去了，可这边的张贵人却无法平静下来。她左思右想，担心第二天司马曜当真把自己打入冷宫，那自己这一生可就完了。干脆一不做，二不休，她将司马曜身边的宦官们都灌醉后，让心腹宫女用被子把年仅35岁的孝武帝给活活捂死了。

【评注】

《围炉夜话》说"一言足以召大祸"，孝武帝真正地实践了一言致大祸。这位本是一言可以决定他人生死的皇帝，没想到最后一言却断送了自己的性命，开创了有皇帝以来被杀方式的历史。可以说，让他丢掉性命的根本原因，就在于他不慎言，做事、说话太过随便。

皇帝拥有至高无上的权力，对他人的生命拥有生杀大权；对他人的地位和财富，同样可以随意剥夺。因此当他对张贵人说出"汝以年当废，吾已属诸妹少矣"时，他自认为的酒后戏言，在张贵人听来就相当于审判书，就意味着荣华富贵不保。一个深宫中的女人，一旦失去荣宠和地位，意味着什么，无需多言。此时的孝武帝在张贵人的眼中就是仇人，冲动之下就做出玉石俱焚的举动。

由此观之，无论在什么环境中，无论与什么人相处，都要注意慎言；与人说话前，要认真思考，确定要说的内容和所说的方式不会引起对方的反感，不会为自己树敌后，再轻言细语地说出，绝不能不假思索地信口开河，以至于得罪人而不自知，甚至为自己招来祸患而不自知，更不用说营造良好的人际关系，实现攻心的目标了。

五、简言

【原典】

辞达则止，不贵多言。

【简译】

说话时，意思表达到了就可以停止了，多说无益。

【评议】

这句话最早见于《论语·卫灵公》，原句是"辞达而已矣"，后来南宋哲学家、教育家、诗人朱熹将这句话结合自己的亲身经历进一步表达为"辞达则止，不贵多言"，意在提醒自己，说话要简洁。这也是我们在人际交往中说话要注意之处。

语言是表情达意的工具，不同的语言和说话方式代表了不同的文化和思维方式，因此依据一个人所说的话和说话的方式，可以判断其思维特点，进而窥知其修养和学识，判断其处事风格。《说苑》曰："君子之言寡而实，小人之言多而虚。"它表明了古人判断君子的标准就是说话简洁有力。

一般来说，一个人说话越能做到字少言深，表明其对问题的认识越深，因为能用最简洁的话语把问题最关键的地方说出来，需要对问题有深刻的认识。如果对问题认识不清，就会在表述时不得要领，不切要点，于是越说越乱，越说越糊涂，不仅会弄巧成拙，还会给人办事不沉稳或做人虚伪的感觉，轻则影响与人沟通的效果，损害在他人心中的形象，重则会因"言多必失"给自己招来麻烦。

朱熹年少时就能说会道，曾经将自己的父亲辩驳得无言以对，也曾和张栻三天三夜不合眼地讨论《中庸》，足见其语言表达能力之强，口才之好。然而言多必失，平时说的话太多，就会在无意中得罪人而不知，朱熹也是如此。后来，监察御史正是从他话多入手，收集了他所谓的不当言论，为他定了十大罪名，并称其为"伪学魁首"，他和身边的人都因此遭遇劫难。

总之，人际交往中如果能做到简言，一方面可以减少误解和沟通错误；另一方面用简洁的语言可以最直接抵达个人的思想和情感，会令他人产生亲近和真实感，令他人心生坦诚、自然之感，也就更容易获得他人的信任和尊重，让自己更能得到他人的尊重和支持。

【事例】

姜嗣宗言多送命

姜嗣宗是武则天当政时期的一名郎将（武官的一种），更是武则天的心腹。此人心术不正，喜欢落井下石，又喜欢说大话，帮助武则天除掉了不少反对她的朝臣。

光宅元年（684）十一月，宰相裴炎因为和徐敬业勾结谋反，被下狱。武则天派姜嗣宗为使臣到西京长安去通报裴炎一案的情况，同时为西京留守刘仁轨带去两根人参，以表达慰问之情。姜嗣宗到了长安后，刘仁轨向他打听裴炎的事情。姜嗣宗在添油加醋地说了裴炎的案情后，为了炫耀自己有先见之明，又眉飞色舞地说自己如何发现裴炎行动可疑，又如何派人监视对方，进而发现裴炎心怀异志，企图谋反的事情。所谓说者无心，听者有意，姜嗣宗的一番话让刘仁轨对他产生了极深的厌恶之情。

刘仁轨是唐太宗时的老臣，因为不赞成武后执政，所以曾以年老多病为由，不想继续为武则天效力。后来还是武则天多番劝说，他才接手西京留守一职。此人性情耿直，忠于大唐，不喜欢乘人之危之徒。现在听姜嗣宗这番话，再联系到这个人帮助武则天做的一些事情，他就决定借武则天的手除掉这个小人。

姜嗣宗要返程向武则天汇报时，刘仁轨托他为武则天带去一封密信。姜嗣宗以为是向武则天的问安信，就毫不迟疑地收入囊中。等见到武则天，说完正事，武则天随口问起刘仁轨的身体情况时，姜嗣宗就想起刘仁轨托他带的信，连忙取出交给武则天。没想到，武则天看罢这封信，立刻让人把他拉下去绞杀了。姜嗣宗不想糊里糊涂被杀，就询问原因。武则天将手中的信扔给他，让他自己看。他接过信一看，发现上面只有一句话："嗣宗知裴炎反，不言。"他这才知道自己被刘仁轨算计了。

【评注】

从上面的故事可知，送掉姜嗣宗性命的原因就是他话太多。刘仁轨正是抓住他喜欢吹嘘的毛病，将他送上了黄泉路。姜嗣宗的言不"简"，表现在以几方面：

一是喜欢说大话。从内容可知，姜嗣宗声称自己早就发现裴炎行动可疑，并派人监视对方，进而发现裴炎心怀异志，企图谋反。倘若这是事实，以其喜欢落井下石的特点，必定不会放过这一立功的机会。但事实是他并没成为检举裴炎的功臣，可见他是在说大话。正是他多说的这些大话，被刘仁轨抓住了把柄，并巧妙地借武则天之手将他除去。

二是说话不看对象，啰唆。相比刘仁轨，姜嗣宗不过是职场菜鸟。刘仁轨和裴炎同为老臣，早在贞观年间他就是陈仓县尉，在此期间曾将一名折冲都尉杖责而死，结果不但没被唐太宗治罪，还因为人刚直被升为栎阳丞，此后还任职新安令、给事中，高宗时历任大司宪、右相兼检校太子左中护，尚书左仆射，同中书门下三品，兼太子宾客。面对这样一个政坛老手，姜嗣宗竟然做事不假思索，夸夸其谈，让对方借言谈了解了他的人品，做出了借武则天之手惩治了卑鄙小人的决定。

综上可知，人际交往中话多能说，不是聪明之举，不但将自己像一张白纸一样暴露给对方，而且常常祸从口出，为自己埋下祸患。高情商的人之所以能将攻心之术运用得娴熟，还在于他们在与人交流时做到"辞达则止"，说话简洁，让自己在收放自如之间，用谦逊和精干赢得他人的敬佩。

第四章

攻心之态

西汉礼学家戴德在其所编的《大戴礼记·曾子立事》中提出："言必有主，行必有法，亲人必有方。"意在提醒世人说话一定要中心突出，做事一定要遵循相应的原则，与人亲近一定要运用正确的方法。这句话道出了人际交往中要与人建立良好的关系，就要把握好自己的原则和底线，对他人采用正确的态度。唯有如此，才会在与人相处时既可以为对方提供良好的情绪价值，获得对方的尊重和喜爱；又可以避免内耗、压抑和失去自我，让彼此在平等互惠的关系中得到滋养。

情理兼容，循序渐进

一、真诚

【原典】

至诚而不动者，未之有也。

【简译】

不为至诚所感动的人从来不存在。

【评议】

这句话出自《孟子·离娄上》，后半句是："不诚，未有能动者也。"整句话指出人际交往中如果缺乏真诚坦率的态度，任何一个人都无法被感动，强调真诚的态度对人际关系的建立发挥着举足轻重的作用。

真诚，既是对他人坦率相待，更是对自己保持诚实。精神分析学派创始人弗洛伊德在超我、本我、自我这一人格结构理论中指出，"超我"是道德化的我，受社会规范、伦理道德的约束；"本我"是最原始的我，受人类与生俱来的生理性需要的驱动；自我则是融合超我与本我的社会化的我，遵循现实需要的原则做事。

　　大多数人在成长过程中，受外界因素的影响，在人际交往中更多展示的是道德化的我，即超我，而压抑了自己的真实欲望和情感。这样的"超我"或许在最初让人感到彬彬有礼，但天长日久，被压抑的真正的本我会产生委屈和不平，最终极可能在意想不到的时刻猝不及防地爆发，进而伤害他人，影响双方的关系。这正是某个大家公认的"老好人"会在某一天因为一点小事就对周围人大发雷霆，他人在感到莫名其妙的同时，对其原先的好印象也将一扫而空。就算人们明白真相后理解他的愤怒，也会对他产生表里不一的印象，而这些绝不利于维护良好的社交关系。

　　要促成良好的人际关系的形成，就要在关系中做真实的自己，对他人发自内心地以诚相待的同时，关注自己的感受，让自己成为一个自我接纳度高的人。一个人一旦能够接纳自己，那么就可以及时觉察并认可自己真实的感受，将其用恰当的方式表达出来，而不是投射到他人身上。这样的人在人际交往过程中，或许最初让人感觉不好相处，但随着时间的推移，大家也会逐渐意识到他的真诚，并为这种真诚的人格魅力所打动。同时，这种"所见即所得"的真诚而坦率的人际相处方式，在大大减少交往中的猜忌的同时，也降低了对方对自己的期待，避免因为"首因效应"的落差感而导致失望，可谓一举两得。

【事例】

真诚成就晏殊不凡的一生

　　北宋政治家、著名词人、文学家晏殊之所以能够青史留名，不仅是因为他过人的才华，更因为他真诚坦率的处世态度。

景德元年（1004），晏殊被以"神童"的身份推荐给朝廷后就应召前往京城。第二年参加进士殿试时，他发现宋真宗试卷上的试题，自己恰好在十多天前刚刚写过，并且当时还因为寓意深刻、辞藻精妙，读之斐然成章而获得了许多人的赞扬。他清楚，自己只要将那篇作品一字不差地默写上去就可以得到宋真宗的肯定，然而这样的做法明显对其他考生不公平。于是他就将这件事报告给了宋真宗，并要求为自己更换试题，以便让自己以更公正的方式与其他考生比试。宋真宗对他的这种态度特别赞赏，"上极爱其不隐"，当场赐他进士出身，任命他为秘书省正字，并特许进宫读书。

澶渊之盟后，北宋朝廷进入了偏安时期，相当多的官员放纵享乐，宴饮游乐。晏殊每天办完公事便闭门不出，与家中兄弟一同念书讲习。某一天，宋真宗突然颁下手谕，提拔晏殊，让其负责辅佐太子读书。看着惊讶的众臣，宋真宗说，晏殊能在其他大臣都四处游玩、宴饮作乐的时候，闭户读书，这正说明他为人谨慎持重，所以是辅佐太子的不二人选。没想到，晏殊在谢恩之后坦率地说自己并不是不爱游乐，而是因为没钱。他的坦率让宋真宗更加欣赏他，对他更加关爱眷顾。宋真宗去世，继位的宋仁宗也因为晏殊的诚实和谨慎而对他信任有加，任命他为右谏议大夫兼翰林学士，最终官拜宰相。

【评注】

晏殊能够在仕途上一路升迁，与其真诚坦率的个性不无关系。正是由于他以一颗赤子之心面对风云变幻的朝堂生活，不以物喜，不以己悲，真诚地待人待己，用真诚的言行去践行君子之道，所以才能在波诡云谲的朝堂得以岿然不动。

首先，晏殊待他人以诚。当他发现考题是自己曾经做过的题目时，他没有第一时间因为占到了便宜而窃喜，反而主动要求更换考题，将自己和其他考生重新置于同一起跑线上。这一行为乍看之下可能显得憨直，但一方面避免了一旦宋真宗通过某种渠道获知他曾经写过类似主题的文章，不但会剥夺其科举成绩，还会由此对他的人品产生不好的印象，甚至会将其归为爱耍小聪明的投机分子，那么此后就会失去更大的成长空间和平台；另一方面，他的这一诚实之举，让众多考生看到了他的为人，而这些人都是士人中的佼佼者，日后都会与他同朝为官，他的诚实必定会被大家传扬，也就为他获得了更多的好评，为他建立良好的人际关系打下基础。

其次，晏殊对自己诚实。面对自己因为家境贫寒不能参与游乐的现实，他并没有因为"红眼病"而在背后诋毁他人，也没有在皇帝面前标榜自己的洁身自好，更不曾因此而自惭形秽，自欺欺人地认为自己心态高洁。相反，他坦率地接受自己"也想像其他人一样玩耍宴饮"的愿望，这种心态让他得以避免因为现实和理想的差距而反复内耗，从而能安贫乐道地努力经营好属于自己的一方天地。当然，这种待自己以诚的心态，也让他能在困顿中成长，培养了坚韧的个性，不妄自菲薄，而这也是他后来官至宰相的重要原因之一。

由此可见，一颗真诚的心往往比许多机关算尽的技巧更能够打动人心。所谓大道至简，真诚的态度不仅有利于让他人卸下心防，拉近彼此之间的感情距离，更好地打开沟通的渠道，而且能够让自己减少不必要的内耗，将精力从互相试探、猜忌中转移出来，更多地投入努力提升自己与和谐友好的交往中，此所谓"君子坦荡荡，小人长戚戚"。

二、宽和

【原典】

情急招损，严厉生恨。

【简译】

事情着急去做时往往会带来损害，对人过于严厉则容易滋生怨恨。

【评议】

这句话出自《菜根谭》，强调做人做事要保持一种平和的心态，否则就会因为操之过急而带来不必要的损失。这一做人做事的原则同样适用于人际关系的处理，想要创设良好的人际关系就要放宽心态，包容接纳对方当下的状态而不是努力按自己的期望改变对方，否则不但会影响良好关系的建立，而且极易让双方反目成仇。

《孙子兵法·君争》中曾提到"穷寇勿迫，此用兵之法也"，意思是，当对方已经陷入绝境时，就不要再继续追击了，走投无路的敌人很可能会殊死一搏，从而给己方带来不可估量的损害。中国有句俗话"兔子急了会咬人"，同样指出无论是要求还是建议，过于严厉地逼迫对方往往会引发对方的反感，使得对方做出不可预料的极端行为，最后酿成大错。这些都表明强人所难、待人过度严苛导致的不良后果。

经典名著《红楼梦》中晴雯这一角色，形象地说明了人际相处中待人宽和的重要性。晴雯因为机灵俊俏，做得一手好针线，因此在生活中不但自己处处抓尖要强，还用此标准要求他人，这就使得她待人过于严苛，嘴上不饶人，平日里如果碰见她看不惯的事情，总是毫不留情地斥责对方。单纯从职业操守来看，晴雯绝对是一个好丫鬟，自律性强，但她用对自己的标准去要求其他的嬷嬷、丫鬟们，结果就招致众人的怨恨。最终在抄检大观园时为人所中伤，落得个被赶出贾府、凄惨死去的命运。

真正有智慧的人懂得在交往中"留白"——宽和包容。所谓水至清则无鱼，人至察则无徒，世间很多事情本无所谓对错，换一个视角看，就可能是另一种答案。因此在人际相处中，要获得良好的关系，就要保持宽厚随和的态度，用自己的宽容换来他人的礼貌相待，这也是攻心的关键所在。

【事例】

李纲情急招损

李纲是两宋之际的抗金名臣，为人刚直不阿，忧国忧民，忠勇双全。他组织了东京保卫战，在极为艰难的条件下，击退金军进攻，是名副其实的抗金英雄，但由于个性刚烈，仕途充满了艰辛坎坷。

宣和元年（1119），开封遭遇洪水，灾患严重，朝中的权臣能避则避，身为小小起居郎的李纲，不顾自己人微言轻，上疏《论水灾事乞对奏状》，痛斥朝廷不恤民情，官员无所作为。不久，他再次上疏，要求严惩水患中不作为的官员，并提出应该对灾民减轻赋税，赈济钱粮，同时劝告宋徽宗不要一味享乐，昏聩误国。很快，李纲就因"言论不当"被贬官至南泉州沙县（今福建沙县），直到宣和七年（1125）才又被调回朝中。

建炎元年（1127），宋高宗赵构在南京（今河南商丘地区）即位，封李纲为尚书右仆射兼中书侍郎。李纲有感于国破之辱，坚决主张收复失地，直谏宋高宗应当"秋末幸南阳"，以示不放弃中原之志。宋高宗借口朝中众臣的意见分歧，再加上南宋刚刚建立，局势仍处于动荡不安之中，决定向东南方转移，以此避开金兵的威胁。君臣意见不一，李纲因一心复国而反复劝谏，更是让宋高宗心烦不已，于是就架空李纲，让他不再参与朝廷政事。

李纲感受到了宋高宗对北伐复国计划的冷淡，他不退反进，一而再，再而三地建议北伐，因此引起了朝廷中一部分大臣的不满，遭到殿中侍御史张浚的弹劾，被罢免观文殿大学士职务；第二年十月，御史中丞王绹又以"经年不赴贬所"为由，再次弹劾已经被调去澧州的李纲，于是李纲再度被贬，调到万安（今海南万宁）。第三年八月，面对金军入关，李纲本来有机会重新入朝，但由于其在民间声望甚高，宋高宗担心他威胁皇权，遂以李纲"心虽忠义，但志大才疏，用之必至误国"为由，不予起用。但李纲从未放弃复国的主张，在被派往潭州（今湖南长沙）处理安置流民寇匪时，他又向朝廷上疏一封，建议向荆湘一带派驻重兵，使四川、襄汉地区可以互相沟通，以便逐渐收复中原。这封奏疏再次引起了众多官员的不满。谏官徐俯、刘斐指责李纲居心叵测，妄图坐拥军队，扩充自己的势力。于是李纲再次被贬。此后，李纲屡遭弹劾，终于在反复贬谪中被磨灭了最后一丝希望。

【评注】

以上几个事例在充分展现李纲救亡图存、忧国恤民的品格的同时，也将其性格急迫、不懂变通地处理事情的特点展现无遗。

必须承认，李纲耿直、爱国。面对水患危害，朝中的权臣能避则避之举，的确为人不齿，但并非每一位官员都尸位素餐，他却在奏章中将上至皇帝、朝廷，下至普通官员都谴责一番，这种以偏概全、过于严苛的态度，伤害了同僚，也没能顾及皇帝的脸面，必然为自己招来祸患，结果就是被贬。

李纲如同一柄两面开刃的宝刀，当他被握在有同样目标坚定、勇往直前的君主手中时，他可以所向披靡；而一旦使用这把刀的人有些许犹疑不定，那么他的锋利就将变成被人忌惮的威胁。李纲后期之所以一再被贬，除了南宋刚刚建立，根基不稳，君臣互疑之外，另一个很重要的原因就是他的严厉让宋高宗感到了极大的压迫感。从史书的记载可见，宋高宗是一个懦弱之人，对于这样一个没多大抱负，担心皇位不保的人来说，这种压迫感就让他对李纲产生了功高盖主、威胁皇权的担忧，结果当然让他离得越远越好。

历史不存在假设，但看过了这个故事，让人不禁猜想：如果李纲不那么锋芒毕露，咄咄逼人，是否会得到更多朝臣的支持，而宋高宗又是否能够重新考虑北伐复国的计划呢？但从这个故事中却可以获得人际交往的经验教训，那就是严厉生恨，过刚易折，在面对出现的问题时，也许一味地直言抨击并不是最好的解决方法，越是疾言厉色，可能容易招致更激烈的反对。不如采取更加和缓的手段，以退为进，润物无声，让对方自己领悟其中的利弊，方能够获得更好的攻心效果。

三、郑重

严可平躁，敬以化邪。

【简译】

以严格的态度教导孩子就可以压抑其浮躁之气；以恭敬的态度对待小人就可以化解他们的邪恶之心。

【评议】

这句话出自《围炉夜话》，意在说明人际相处中待人要因年龄、品行有所区别。比如对待小孩因为年幼无知，做事沉不住气，极易心浮气躁，因此就要对其严加管教，使之养成良好的品格和习惯，从而避免成年后误入歧途；相反，对待小人，因为其多半心胸狭隘，睚眦必报，为免遭对方的报复就要尽可能敬而远之，实在必须与之打交道就要用周全的礼节和尊重化解他们的恶念。

《韩非子·内储说下六微》讲了一个"门人捐水"的典故：春秋战国时，中大夫夷射参加齐王的酒宴出来，晕晕乎乎地倚在宫门上醒酒，门口的守卫看到他手中拿着齐王赏赐的美酒，就跟他讨一口剩酒解馋。夷射醉醺醺地大声呵斥他，嘲笑他自不量力，一个看门的下人也敢跟他要酒喝！当众受辱的守卫感到颜面扫地，等夷射走后就将一盆污水泼到宫门口的墙角下。齐王是个有洁癖的人，第二天看到门口的水迹，把守卫叫过来，问是谁敢在这里小便？守卫说自己也没看到，不过昨天晚上只有中大夫夷射在这儿停留过。齐王听后勃然大怒，立刻下令诛杀了夷射。

所谓"宁得罪君子，不得罪小人"，因为君子为人坦荡，待人以厚，不会妄自尊大，更不会随意抬高自己的身份，因此不会因为他人无心的举动就认定对方不尊重自己，对自己无礼；相反，小人心胸狭窄，一旦得罪他们，他们必定睚眦必报，或造谣中伤，或故意挑起事端搞破坏。人生在世难免会遇到小人，我们不能因为怕遇到小人而不去做事，因此在与人相处时，一方面要提升自己看人看事的能力，学会认真观察一个人的言谈举止，以此判断其行事是否磊落，是君子还是小人，并有针对性地采取相应的攻心之法；另一方面，要谨记"礼多人不怪"的道理，对任何人和事都持谨慎郑重的态度，不妄自尊大，避免无意中得罪小人，遭到他们的报复。这样一来，就算是我们无意中得罪了小人，因为一直以来待人、待事的郑重和谨慎也会让对方心存忌讳，不会轻易做出攻击行为。当然，一旦发生这样的事情，我们还要注意在此后的相处中试着用自己的宽厚和恭敬去化解对方的邪念，最大限度保全自身利益。

【事例】

郭子仪借攻心化仇避祸

唐朝中兴名将郭子仪能一生仕途平顺，以84岁高龄寿终正寝，而且在逝后获得一系列的厚待，还配享代宗庙廷，主要原因就在于他做人做事谦虚谨慎，深谙礼多人不怪的道理。

一年冬天，郭子仪父亲的坟墓被人盗挖，因为宦官鱼朝恩嫉妒郭子仪，不仅处处刁难，还屡次谗毁诬陷，所以许多人都认为此事定是鱼朝恩所为。虽然鱼朝恩是自己的心腹，但唐代宗为了给在外打仗的郭子仪一个交代，以安其心，下令彻查郭父坟墓被盗挖一事。没想到，从战场上回来的郭子仪虽然因为父亲坟墓被盗掘而悲痛万分，却主动请求唐代宗不要再追查下去，理由是自己在领兵出征的时候也曾因为没能管好手下的士兵们，让他们随意糟蹋了路边的坟茔，如今自己父亲的坟墓被破坏，是老天在惩罚他。郭子仪此话一出，唐代宗顿时松了口气，而正在担心自己会被郭子仪报复的鱼朝恩也放下了一直悬着的心，周围的文武百官也对郭子仪颇有好感，佩服他深明大义。

又一年正月，鱼朝恩想利用请郭子仪到自己的私人寺院一同上香礼佛的机会加害于他。郭子仪虽然知道对方的险恶用心，但想到如果找借口拒绝，对方会认为自己看不起他而进一步加深二人的仇恨。同时，他也认为与其担惊受怕，总担心对方加害自己，不如借此机会将危机化解掉。于是他在布衣下穿着铠甲，仅带三名童仆径直前往赴约。鱼朝恩见到轻车简从的郭子仪大感意外。郭子仪就趁机半开玩笑地说自己听说他要加害自己，所以特意只带了很少的人过来，为的就是方便他动手。鱼朝恩在暗暗吃惊的同时也感到不好意思，急忙声明自己断然没有对郭公不利的念头，还热情邀请郭子仪进入寺内，一同礼佛焚香。这件事之后，鱼朝恩放下了对郭子仪的嫉恨之心，将其视为朋友，直到鱼朝恩因专权乱政被诛杀，二人之间也再未出现过任何明显的矛盾。

建中二年（781），郭子仪害怕唐德宗认为自己功高盖主，就以养病为由在家休养，每天将家门大敞四开，撤掉侍卫，让来访之人可以随意进出，想以此证明自己毫无私心，不存在需要隐藏的事情。除此之外，郭子仪还叮嘱妻妾不要在生人来访时回避，自己更是经常在娇妻美妾的陪伴下接待客人，摆出随性而为的生活姿态。一天，相貌奇丑无比的吏部郎中卢杞前来拜见，郭子仪不但立刻收起散漫的态度，马上换好华服，还让妻妾去后室回避，吩咐府中张灯结彩，以最隆重的仪式去接待卢杞。他满面笑容地亲自将卢杞迎进府内，就餐时与对方把酒言欢，举止亲密得好像一对至交老友。宴饮结束后，郭子仪更是将卢杞送至门口，一直到对方的车驾不见踪影才回家。郭子仪的儿子对他如此恭敬地对待一个人微言轻的吏部郎中的做法感到困惑不解，因为郭子仪是堂堂的汾阳郡王，就连当时的皇帝都要尊称他一声尚父。郭子仪却郑重其事地告诉儿子，正是因为对方相貌丑陋，官职小，自己才要更隆重客气地接待。因为卢杞是御史中丞卢奕之子，虽然相貌奇丑无比，但才华横溢，很受皇帝的赏识，只怕不日便要高升。但此人心胸狭窄、嫉贤妒能，倘若无意中得罪了他，只怕等到日后他掌权时就会进行报复。后来果真如郭子仪预测的那样，卢杞得势之后，党同伐异，从前待他轻慢的大臣们纷纷遭到了他的报复，而曾经恭敬接待过卢杞的郭家人则被网开一面，甚至偶有不合礼法的地方，卢杞甚至还会帮忙打打圆场、避重就轻，以此来回报当年郭子仪对自己的敬重。

【评注】

上面关于郭子仪的事迹出自《旧唐书》。从这些事例可以看到，郭子仪做事谨慎，无论是君子还是小人，都以礼待人，而这正是他能一生顺遂的原因所在。

在处理和鱼朝恩的纠纷的过程中，郭子仪清楚鱼朝恩如此猖狂依赖的就是皇帝的宠信。如果自己要求皇帝就自己的父亲墓被毁一事给个说法，就会让唐代宗左右为难；鱼朝恩是小人，他断然不会顾全大局，自己的坚持只会让双方的仇怨更深，说不准还会危及朝堂安定。如果自己放弃追究，皇帝就会免于尴尬，就算鱼朝恩不领情，至少不会让仇怨加深。此外，当自己的善举没能感化对方，对方再度试图加害时，郭子仪没有以牙还牙，而是始终以郑重的态度对其以礼相待，甚至明知对方有加害自己之心也去赴约，以郑重其事的态度向对方传达化解仇恨的信息。几番下来，就算是鱼朝恩这样的小人，最终也被他感化，将他视为君子、好友。

在接待卢杞来访一事上，郭子仪更是做到郑重其事、礼节齐全，这更彰显了他对人性的了解之深，对人心的把握之透。从整件事情来看，郭子仪多处施展了攻心之术：一是正装亲自迎到门前，宴毕亲自送到门外，且目送对方离开，直到看不到人；二是家中张灯结彩，妻妾回避；三是以郡王的身份全程陪吃陪喝。这些举动满足了对方的心理需求——获得尊重、敬仰，最终达到"敬以化邪"的效果。

总之，郭子仪的事例提示我们，越是内心卑鄙奸诈之人，越注重他人对自己的态度，他们往往以别人对待自己的排场大小、礼节周全与否等表面功夫，来判断对方是否对自己足够尊敬；同时，这种奸佞之人往往有两套评判标准，当自己做了错事时，他们希望对方能够毫无芥蒂地原谅自己；当别人做了错事时，他们则断然不肯轻饶，一定要十倍百倍地加以惩罚。因此，对待这种人，要顺从其心理，在表面上保持恭敬客气的态度，避免因不经意间的轻慢而遭到小人的记恨；在内心中将其当作尚未驯化的野兽，行动时要谨慎地避开，不要做出富有挑衅性的行为。一旦被对方伤害，也要自认倒霉，尽快远离，因为"君子不立危墙之下"。

四、谦卑

【原典】

肯下人，终能上人。

【简译】

能够屈居人下而无怨言，终有一天也能居于人上。

【评议】

这句话出自《围炉夜话》，结合前半句"欲利己，便是害己"来看，做事时如果时时想着自己的利益而不考虑他人，就会因为自私自利的想法而害了自己。反之，则能在双赢的基础上成就自我。这句话揭示了人际交往中的一个重要秘诀：谦卑待人，若要人敬己，先要己敬人。

人是生活在各种关系中的，只有互惠互利的关系才能长久维系。如果一个人在关系中只想索取和获得，不想付出，即始终在关系中处于被人照顾的位置，天长日久，对方就会因为在这段关系中得不到滋养，始终付出而引发心理不平衡，进而选择离开；同理，能够相处长久的关系中，双方一定是平等的，这种平等既体现在精神和人格层面，有时也体现在物质方面。如果一个人因为自己的收入高或学识渊博而对他人摆出一副高高在上的样子，那么周围人必定会因为他的傲慢无礼、目中无人而远离他。

马斯洛的需求层次理论表明，个体在成长过程中会有各种需求，当个体从最初的生理需求（吃饱、穿暖等）逐渐发展到获得爱与尊重的心理需求时，便开始要求在人际关系中得到他人的尊重和平等对待。一个人如果能够在人际相处中对他人谦卑以待，那么周围的人就会因为从这段关系中得到被关注，获得爱、力量和价值感等良好的心理体验，进而愿意让这段关系深入和持久，天长日久，双方就会形成友善和融洽的关系。

当然，谦卑待人并非委屈自己，低声下气，而是能尊重他人，与人相处时懂得谦让，发生矛盾和分歧时愿意放低姿态，适时"退一步海阔天空"；是在与他人沟通和交流时能够理解对方的诉求，愿意倾听他人的观点和看法；是能够以开放和包容的心态对待身边的人和事，关注他人的长处并取长补短，让自己获得更多的知识和见解，拓展自己的视野和提升自己的认知，进而练就更宽广的心胸和气度，与更多不同的人建立良好的人际交往，如此一来，个人的成长和发展就会进入良性循环，最终获得幸福的人生。

总之，高明的攻心者明白人要适应环境的道理，清楚"在什么位置做什么事情"，当其处于逆境时会韬光养晦，甘于居人之下，潜心耕耘，以自己的谦卑获得他人的尊重和信任，最终在时机成熟时凭借自己的人格和品行获得他人认可，进而成为圈子中的领导者，一飞冲天。

【事例】
羊祜谦卑待人成就个人事业

魏晋南北朝时期的著名的战略家、文学家羊祜虽然出身于优越的门第，从小就过着人上人的生活，但却一生与人为善，待人谦逊。

羊祜从小便勤奋好学，尊敬长辈，礼貌待人。每次家里有客人来访，他必定端坐一旁，认真而安静地倾听家人和客人讨论朝政大事，增长见识，而不胡乱插嘴。成年后，他虽然以品德高尚、能力出众闻名，但做人低调，对上尊敬有加，对下以礼相待。

曹魏时期，羊祜被举荐为上计吏（战国、秦、汉时专门负责年终向国家汇报地方情况的官员）。曹爽把持朝政时，羊祜低调做官，努力提升自己。好友太原王氏的王沈拉着他投靠曹爽，羊祜绝不同意，只专心做好自己的分内事，不参与专权势力的角逐。司马懿掌权后，清算与曹爽关系密切的人，投靠曹爽的王沈被罢官，羊祜却因为没参与而得以保全。王沈感慨他的明智时，他只是淡淡一笑安慰对方，并不认为自己比对方高明。

羊祜在而立之年被大将军司马昭提拔为中书郎，此后凭着能力，很快当上了给事中、黄门郎。当众人为了讨好魏帝曹髦纷纷进献诗赋时，羊祜虽然文学造诣颇深，但坚决不跟风，谦卑有礼地婉拒阿谀之人的邀约。司马炎继任相国后，羊祜被任命为中领军，统领禁军，从此开始成为一军之主。

司马炎建立西晋后，羊祜以扶立之功进号为中军将军，加散骑常侍，晋爵郡公，食邑3000户，但他考虑到这样一来自己就和司马炎的心腹贾充（被封为鲁郡公）地位相近，为免引起对方的敌意和加害，羊祜坚辞公爵，只接受了钜平侯的诏命。

269年，羊祜受命都督军事重镇荆州军事。荆州被晋、吴两国一分为二，是西晋灭吴大战的关键地区。羊祜到襄阳就任后，发现因为长期战乱，当地百姓衣食无着，生活特别困苦，就连驻军的军粮都难以保证。为此，他减轻赋税，兴办学校，安定民心。经过他的治理，荆州百姓的生活越来越好，军队的军粮得到了保证，社会秩序也越来越稳定，甚至吴地的百姓和军士跑来投靠，羊祜以尊重和平等的态度对待他们，任他们来去自由。看到羊祜在治理荆州时表现出来的才能，晋武帝司马炎就授予他南中郎将之职，让他全权指挥晋国在荆州的军队。羊祜上任后，经常身着便装在军营中巡视，和士兵打成一片，一点儿也没有架子，士兵都很爱戴他。

在羊祜的治理下，荆州的形势向着有利于西晋的方向发展，于是晋武帝要给羊祜加官到车骑将军，允许他开府仪同三司，羊祜认为朝中有很多德才兼备的人，自己无才无德，刚当官没多久就获得显赫的官位，会引起他人的怨愤，于是坚决上表谦辞，晋武帝不同意，仍旧给他升了官。就这样，羊祜在49岁时就成了西晋举足轻重的大将军。

【评注】

从羊祜的经历可以看到，他之所以能从一个士人，在短短十几年间就成为大将军，与他谦卑的做人风格有着密切的关系。

一是在同僚面前低调。虽然能力出众，但羊祜在同僚面前相当低调，谦逊。比如为了避免同僚贾充的加害，他推拒了中军将军的名号，甘心居于对方之下；为了不引起同僚的嫉妒，他在被封为车骑将军时坚决上表谦辞。

二是在朋友面前低调。在好友王沈因为站错队被免官，而自己因为没参与而幸免于难时，羊祜不是沾沾自喜地自夸，而是云淡风轻地一笑，并不认为自己比对方高明。

三是对百姓、士兵平等相待。除了对同僚和朋友低调，羊祜在地位远不如自己的百姓和军士面前，也从不歧视，没有一点架子，平等相待。这可以从对待吴地投靠的百姓的态度上看到，从他以便装巡视军营，和士兵打成一片可以看到。也正是这种平等而谦卑的态度，让他收获了吴地百姓和军士的爱戴。

四是对上司不讨好巴结。曹魏时期，他不会因为曹爽把持朝政而听从好友的劝告去讨好对方，这让他得以避免了司马氏的清算；在司马氏当政后，他也从不在晋武帝面前自夸，只做好自己本分的事情。

总之，羊祜对待周围人始终保持谦卑的态度，而这正是他能在知天命的年纪就取得巨大的成就，获得众多荣誉的原因。他的经历再次提醒我们，最好的攻心之道在于修身立德，保持谦卑的处世智慧，如此就能提升自己的德行，以德行收获人心，从而助力攻心目标的达成。

五、用情

感人心者，莫先乎情。

感动人心的事物，没有能超过情感的。

这句话出自白居易的诗作《与元九书》，全句为"感人心者，莫先乎情，莫始乎言，莫切乎声，莫深乎义"，意即能够打动人心的事物，没有能够超过情感的，没有能够先于言语的，没有能够比声律更加切合的，没有比道理更能深入人心的。在这里，白居易的本意是强调诗歌能够感动人心的原因，但换个角度来看，恰恰说明了感情对人的影响。将此句套用到人际交往中，恰好说明了感情对于良好人际关系的重要性，即要建立良好的人际关系，必须学会用情。

作为人类独有的体验之一，情感是个体与世界相互作用的基础，是人与人之间相互影响的重要因素，它能决定良好的人际关系的建立，也能决定攻心行动的成败。

首先，情感影响着人与人的来往方式。人与人之间的感情好坏会直接影响着双方的亲密程度、互动频率、沟通方式等。如果一个人能与他人建立较好的情感，那么他人就会愿意与之交往，愿意积极地与之沟通，双方因此能够在此基础上建立亲密的关系。

其次，情感影响着个人的情绪体验。如果人与人之间情感好，那么双方在相处时就能感到愉悦、幸福和快乐；反之，如果人与人之间情感不好，那么相处时就会促发焦虑、紧张的情绪，进而感到痛苦和不安。

由此观之，要促成良好的人际关系，就需要在与人相处时用情——以情动人。一方面要付出时间和精力与对方建立联系，真诚地与其分享自己的观点、看法和感受；另一方面要用心地了解对方，向对方表达自己的欣赏、喜爱之情，感激和赞赏之情，从而唤起对方良好的情感体验，促进双方关系的深化。

需要提醒的是，在以情动人的过程中，要注意保持真诚和尊重的态度，不能越界，做出过度依赖和控制对方的言行，以避免引发矛盾和冲突，破坏彼此的关系。

【事例】

管鲍之交

管仲和鲍叔牙是春秋时期齐国的两位重要人物，他们之间的深厚感情被后世誉为"管鲍之交"，充分说明了人际关系中感情的重要作用。

　　管仲出生不久，他的父亲因病去世，只剩他和寡母艰苦度日。为了生活，管仲很早就承担家庭的重任。鲍叔牙虽然家道中落，但相对管仲，家庭条件较好。由于两家早就相识，他们二人从小便成了好朋友。

　　虽然是好朋友，但两个人性格截然不同，管仲做事灵活，为人机灵；鲍叔牙则做事拘谨，为人忠厚。当初两人一起经商的时候，因为管仲家中有寡母需要养活，所以每逢赚了钱，总是管仲拿得多，鲍叔牙得的少。有人因此说管仲贪财，不值得结交。鲍叔牙就替他解释，管仲不是贪财，而是因为要养活母亲，自己是心甘情愿让他多拿钱的。

　　后来，生意越来越不好做，两个人就一起从军。在军队里面，二人同样相互扶持，鲍叔牙照旧关心和爱护管仲，在作战时甘愿做管仲的挡箭牌，任由对方躲在自己身后。当别人说管仲贪生怕死时，鲍叔牙也主动为他辩解，说管仲因为有老母亲需要照顾，所以不能死。等管仲的母亲去世后，管仲也凭着为人聪明受到公子纠的赏识，成了他的谋士。鲍叔牙则因为喜欢平稳的生活，不愿意当官，仍旧安于平凡。后来经过管仲的多次劝说，他终于同意出仕，并在管仲的建议下投靠公子小白，成为他的谋士。

　　齐襄公即位后，管仲和鲍叔牙分别随同公子纠、公子小白逃到鲁国和莒国。齐国大乱时，他们又分别扶持二人回齐国抢夺王位。鲍叔牙凭着对管仲的了解，让公子小白以诈死之计骗过管仲，得以提前回到齐国继位，公子小白成为齐桓公。公子纠和管仲因为暗杀之计落空而不得不逃亡鲁国。后来鲁国迫于齐国的压力，将公子纠杀死，管仲则因为鲍叔牙的极力推荐得到齐桓公的赏识，被拜为相国。在管仲的协助下，齐桓公将齐国治理得日益强盛，他本人也成为春秋时的五位霸主之一。

一次，齐桓公向年老的管仲询问相位人选，管仲推荐了忠厚老实、居家不忘国事的隰朋，而否定了齐桓公提议的鲍叔牙。奸臣易牙趁机利用这件事到鲍叔牙面前挑拨离间，没想到鲍叔牙听说后，不仅赞扬管仲没有私心，甚至说如果自己执政根本就不会给易牙留下存身之地。

管仲晚年曾多次对别人提到鲍叔牙对他的照顾，感叹地说："生我者父母，知我者鲍叔牙也！"

【评注】

从故事可以看出来，"管鲍之交"之所以为后世所颂扬，是因为他们之间深厚的感情，这是一种相互信任、相互理解、相互依靠，你无须言说我就能全懂的知己之情。这种知己情深表现在如下几方面：

一是鲍叔牙对管仲的理解。管、鲍二人从小就相识，用现代的话来说就是发小，对彼此的了解可谓深而透，因此能观其言知其意，理解对方的行为。比如鲍叔牙知道管仲多拿钱、怕死是因为不放心老母亲；知道管仲之所以不推荐自己为相，是因为知道自己为人宽厚，清楚自己的为人，这是公私分明，正是他为官的可贵之处。

　　二是鲍叔牙对管仲的了解。在公子纠竞争王位失败后，鲍叔牙向齐桓公推荐了管仲。当齐桓公问他管仲有什么过人之处时，鲍叔牙说管仲在治政方面的才能胜过自己，可以帮助齐桓公稳定江山，获得民心，教化天下，甚至整顿部队。

　　三是管仲对鲍叔牙的尊重。管仲追随公子纠时，因为知道鲍叔牙不喜欢做官，所以并没有极力劝说朋友，更不曾以友情为砝码强行要求对方，这是对鲍叔牙的尊重；在齐桓公征求相国人选时，管仲不推荐鲍叔牙，是因为了解鲍叔牙的性格，知道他忠厚的性格不适合，自己不能害了朋友，因而选择尊重他的个性。

　　由此观之，"管鲍之交"建立在深厚的感情基础上，是两个人互相走入对方的内心，理解彼此的所思所想。这也是建立深厚关系之前，实施攻心之术的必备条件。只有真正地了解、尊重、包容和理解对方，才能逐步了解对方的想法和意图，使双方达到灵魂契合，进而为攻心铺平道路。

第五章

攻心之术

　　著名作家莫言曾说："做人要能屈能伸，你可以一击必杀，也可以点到为止。"这句话道出了人际交往的艺术，强调了与人相处要如弹簧一样，既要有坚定的立场，又要有灵活的攻心智慧和方法；既能尊重每个人的个性、习惯和喜好，又能坚持自己的原则和立场，如此才能在屈伸有节中获得真正的信任和友谊，才能游刃有余地处理不同的情境中发生的问题，才能在困局中发现曙光，让自己不断成长和进步，帮助他人的同时，也创造属于自己的辉煌。

屈伸有节，灵活变通

一、投其所好

【原典】

见其情，随而牧之。

【简译】

在发现和了解对方真实意图的前提下，投其所好，就可以轻松地引导和驾驭对方。

【评议】

这句话出自《鬼谷子·反应》，上半句是"以象动之，以报其心"，大意是，用形象的言辞来触动和感动对方，迎合其心意，使其透露出真实想法。上下两句合在一起，形象地道出了打动人心的重要方法：投其所好。

在汉语中，投其所好常常被看作是贬义词，潜含着对虚伪、阿谀奉承之徒的讽刺。实际上，投其所好反映的是一种能设身处地站在他人角度看问题的思维，是一种巧妙的攻心策略。

鬼谷子门下最著名的两个学生——苏秦和张仪，在离开师门后凭借三寸不烂之舌游说诸侯列国的君主，在战国这一风起云涌的时代书写了赫赫篇章，苏秦创合纵之法，游说六国联合抗秦；张仪施以连横策略，说服六国亲秦，拆散了苏秦的合纵联盟。他们的政治谋略之所以能在当时发挥巨大的作用，根本原因就在于投其所好，抓住了列国诸侯的痛点和追求，让自己的治国之术和外交策略迎合了对方的心理，进而成功地实现个人的抱负，也助对方成就霸业。

美国汽车大王福特说："如果有什么成功秘诀的话，在我看来，就是设身处地地为别人着想，了解别人的态度和观点。"而他的商业帝国的形成，凭借的也是设计开发人员和销售人员能抓住顾客心理，投其所好，开发适应客户需求的产品，因人而异地推销适合客户的产品。

人际交往中要避免话不投机半句多的局面，同样需要我们在感受到对方的心理需求的前提下，投其所好地与之沟通，进而使对方愿意与我们亲近，促成良好关系的形成。当然，在这一过程中，需要做好以下几点：

首先，要获知对方的"好"。对方的"好"，就是对方的兴趣、爱好、需求、关注点和价值观等，只有获得了这些信息，我们才能有针对性地制定相应的沟通和引导策略。当然，这些信息的获得，可以像鬼谷子所说的："己反往，彼复来，言有象比，因而定基。重之袭之，反之复之，万事不失其辞。"就是借助于反复沟通和交流，观察对方的态度和言谈举止，从中探听其意图，并据此确定基本的应对策略。

其次，要学会顺势而为。诚如鬼谷子所说："见其情，随而牧之。"一个"牧"字形象生动地反映了顺势而为的状态。这表明，要使投其所好这一攻心之术获得成功，就要如同牧人放羊一样，在了解羊儿觅草而食的本性及兴趣喜好的前提下，于关键处顺其意而略加巧妙引导，使之向自己设定的方向发展。

最后，要想成功地投其所好，还要获知对方的心理需求后，想方设法与其在某一话题或领域中产生共鸣，达到拉近彼此的心理距离，让对方接纳自己成为"自己人"的目的。一旦目的达成，就可以瞅准时机，让对方真诚地参与到合作中来，从而促成互赢局面的形成。

当然，在运用投其所好攻心之术的过程中，良好的沟通氛围是必备的前提。我们可以借助于多种方法或技巧，比如幽默的语言、得体的仪态、轻松的音乐、巧妙的共情等，发挥个人魅力，促成双方建立亲密关系，打开信任之门，从而在掌握对方的"好"的前提下，找到与之交流的最佳突破口。

"投其所好"固然是打动人心的好方法，运用得当，可以深入对方内心；运用不当，还会招来厌恶和烦恼。所以运用这一攻心之术时，要注意本着诚信和双赢的目的，在不违背自身原则和立场的前提下顺应对方的期望和需求，再进行适当的迎合和引导，如此才能真正建立起长久而亲密的人际关系。

【事例】

商鞅投其所好，促成秦国变革

商鞅本是卫国庶出的公子之一，姓公孙，名鞅。他一开始在魏国出仕，但不得重用。此时秦国国君秦孝公颁布求贤令，广召天下人才，以求成就霸业。公孙鞅西入秦国寻求发展，他就通过秦孝公的宠臣景监的推荐，得到了被秦孝公召见的机会。

第一次召见，公孙鞅大谈尧、舜的治国方法，他们严肃恭谨、团结族人的策略，直说得秦孝公昏昏欲睡，根本听不进去。他对景监说：此人是个只会讲空话大话的家伙，不可委以重任。过了几天，景监又为公孙鞅争取到了第二次召见的机会。这一次公孙鞅继续讲历史，以夏、商、周三代帝王的治国之术来游说秦孝公，他讲得酣畅淋漓，说的比第一次还多，不仅没打动秦孝公，还害得景监也被秦孝公大骂一通。在公孙鞅的恳请下，景监又给了他一次机会。于是孝公第三次召见了他。

第三次召见结束后，孝公对景监说，这个人有点意思，自己可以与其好好聊聊了。景监在传话给公孙鞅时问他究竟说了什么，公孙鞅说自己这回谈的是春秋五霸的理政方针，并确定地说国君应该会采纳自己的建议。如果他再次召见我，自己就知道该说什么了。果然，在第四次召见时，秦孝公与公孙鞅相谈甚欢，二人席地而坐，一直谈了三天都不觉得疲倦。

通过四次召见，公孙鞅逐渐了解了秦孝公的称霸雄心和治国需求，最终提出自己的富国强兵和法制治国策略，他为孝公描绘出使秦国快速强大和称霸的蓝图。两人的想法"不谋而合"，秦孝公也认可了公孙鞅的才华，信任并重用他，而且全力支持他革新变法（史称商鞅变法），奠定了秦国一统天下的大业。

【评注】

上面的内容出自《史记·商君列传》。从内容可以看到，秦孝公对商鞅的态度的变化，是从第四次召见后发生的。其中商鞅到底说了什么，让秦孝公对他的观感发生了180度的大转弯呢？

事实上，在前三次召见时，商鞅主要是不厌其烦地讲述古代帝王以德治国的方法，目的只有一个——"投石问路"，试探着摸清秦孝公的真实想法，了解他是一个什么样的国君、他称霸的决心、希望如何治理国家、会采纳什么样的方法。比如谈尧、舜的治国方法，旨在试探秦孝公的治国理想；谈夏、商、周三代帝王的治国之术，旨在了解秦孝公的治国方法；谈春秋五霸的理政方针，旨在暗示秦孝公成就霸业的途径。

掌握了这些信息后，商鞅才在第四次不失时机地"投其所好"，献出"富国强兵"的以法治国之策。这一场面，我们可以从电视剧《大秦帝国》中了解一二。在电视剧中，商鞅是这样为秦孝公描绘变法蓝图："君上试想，事事有法可依，人人依法办事，朝野便会自行运转，就算出来一两代平庸君王，只要秦国法度不改，国家照样不会变形、糜烂。除非有大奸大恶之权臣，加之昏聩无度之君王同时现世，蓄意坏法，秦国不会崩溃，而这期间，若有一代雄主崛起，加之秦国强大国力的支撑，其完成统一大业，便指日可待！此所谓：以法治成明君，以法治防昏君。"

多么振奋人心的话语，多么具有鼓励性的话语，又是多么具有吸引力的未来！这样的话语激起了秦孝公的斗志，这样的蓝图契合了秦孝公的雄心壮志，所以当他获知要实现这样的蓝图，需要采用商鞅的治国策略，让秦国迅速发展强盛，这才同意且积极支持商鞅变法。

实际上，商鞅提出的变革之法虽然可以快速强国，却要变更旧有的法度，手段也更加强硬，在某些方面不如尧、舜及殷、周的德治温和。一旦推行，难免引得天下人非议和抗拒。这样的改革策略，如果商鞅第一次觐见秦孝公时便提出，孝公会有何想法？他一定觉得商鞅是一个纸上谈兵、信口雌黄的江湖术士吧。然而通过三次试探和沟通，商鞅在了解了孝公心中所想的同时，也潜移默化地向他灌输"以德治国"成效缓慢的思想，让他自己否定前人的理政策略。最后，在前三次游说的铺垫和准备的基础上，商鞅投其所好地提出"以法治国"思想，秦孝公立刻明白此法不仅能快速实现他的抱负，为后世奠定一统天下的基业，甚至其在位期间便可扬名立万。这让他如何能拒绝得了？

商鞅经过精心谋划，在获得秦孝公的信任和支持后，在朝会上舌战甘龙、杜挚等贵族代表，借"徙木立信"获得百姓的信任和支持，最终使变法得以顺利推行，助秦孝公成就霸业的同时，也实现了他个人的理想。从整件事可见，商鞅可谓深刻地领会了"见其情，随而牧之"这一投其所好的攻心之术的精髓。

二、灵活变通

【原典】

智圆而行方。

【简译】

做人要灵活变通，思虑周全；做事则要品行端正、方正不苟。

【评议】

此语最早出自老子的弟子所著的《文子·微明》，"老子曰：凡人之道，心欲小，志欲大；智欲圆，行欲方"，体现了老子修身思想的全貌，将修心、修志、修智、修行说得一清二楚。后来西汉刘安主持编写的《淮南子》以及唐代医圣孙思邈，又先后对其进行概括，提出"智欲圆而行欲方"之说，旨在强调做人做事要灵活之中有坚持，变通之下有原则。

方圆是古代先贤们认识世界的思维方式，常用来表现做人做事既要灵活变通，又要坚持自己的原则立场。圆，近似于道家的太极，强调变通、趋时、趋势的学问；后指圆满，思虑周全，知进退，能曲伸，是为人处世大智慧的完美境界。方是人格修养的理想境界，体现不卑不亢的气节和品行端正的德行，是一个人做事方正，有原则，有坚持，有为有不为。二者完美结合，方能成就最高的人生境界。

晚清重臣张之洞以性格刚烈、做事讲原则闻名，但就是这样一个铁面无私的人物，办事的时候却颇讲究智圆行方之道。他就任山西巡抚时，为说服泰裕票号的孔老板捐钱补贴农户改种庄稼，答应了对方为其票号题写"天下第一诚信"匾额的请求，却拒绝了为对方捐官的要求。这正是智圆行方、做事灵活而有原则的表现。

张之洞的事例充分证明了《盐铁论》中"明者因时而变，知者随事而制"的道理，即聪明的人会根据时机的不同而采取不同的策略，智慧的人则随着事情的演变而改变处理问题的方法。这正是智圆行方的攻心之术的运用之法。

具体到人际交往中，一个人要做到智圆行方，一方面要坚持原则，以正气正行坚定维护人格立场，毫不妥协；另一方面要学会转换角度看问题，在分清事情轻重缓急的同时灵活变通，在遇到艰难、复杂的困境时谨慎思虑，权衡轻重，然后酌情取舍进退，原则性的立场一步不退，非关键的事情有序妥协，在灵活变通中解决难题，找到科学的处事方式方法，而不是万事一刀切，或过于刚正不阿，锋芒毕露，或过于圆滑世故，八面玲珑，导致自己在做事时处处受阻，招人忌恨，影响问题的解决，或因丧失做人的原则和根本而为人不齿。

总之，如《曾国藩家书》所说："立者，发奋自强，站得住也；

达者，办事圆融，行得通也。"做人做事万万不可走极端，钻牛角尖，而要兼备"智圆"与"行方"，如此一来就犹如为自己添上了一对翅膀，在使自己的生存能力变得更加强大的同时，也让自己具备足以应付各种复杂的局面，适应各种艰难困境的能力。尤其在瞬息万变的当代，在实施攻心之术时倘若能注意灵活变通，兼具方圆就更能让自己于不平坦的人生旅途中行得稳，行得远。

【事例】

狄仁杰灵活变通不教条

狄仁杰任大理寺卿的时候，发生了一件震动朝野的事情：负责守卫昭陵的左卫大将军权善才，在追捕逃兵的过程中误砍了昭陵的一棵柏树。昭陵是唐高宗李治的父母——唐太宗李世民与文德皇后长孙氏的陵墓。唐高宗得知此事后悲泣不已，盛怒之余要杀权善才解恨。于是高宗将此案交给狄仁杰审理，并下令一定要严办。

狄仁杰接手案件后，详细调查了整件事件，得知权善才的确是在追捕中误伤柏树，并非有意为之。况且因为一棵树就要杀死一位名将，不但会寒了朝臣的心，也会让天下人认为皇帝不仁。当他按规定向高宗汇报时，提出以失察之责治权善才之罪，建议免去其官职。高宗一听就怒了：他敢偷伐昭陵的柏树，就是陷朕于不孝不义的境地，必须杀头方能消心头之恨。

天子震怒，谁敢继续固执己见？狄仁杰虽然执拗，却也明白一味地据理力争只会给自己招来麻烦。于是他委婉地说："自古都说臣子劝谏皇帝难，我看碰到桀、纣那样无能的昏君肯定很难，遇到尧、舜那样的开明君主就不难。我觉得今天跟您汇报这件事应该不难。"

这话一说，高宗很满意，于是就耐下性子，给了狄仁杰说话的机会。于是狄仁杰先是讲古："汉文帝时，有人偷了高祖庙的东西，文帝大怒，下令要把这人满门抄斩，执法大臣坚持按律只处死盗贼一人，文帝冷静后接受了执法大臣的建议。前代的官员都能如此尽职尽责，如果我今天为了遵从您的旨意而破坏律法的尊严，哪还有脸去见前人。"

接下来，他又讲情："您今天为了一棵树要杀一位将军，后人将会怎样评说呢？您若收回成命，令我按律执法，免去这位将军的官职，既维护了国家法度，又表明您是一位开明纳谏的君主，后世必能传为佳话。"

狄仁杰的一番话可谓入情入理。高宗略加思考后，同意了狄仁杰的处置方式，不但没怪罪他，还欣赏他能坚持法度，授予其侍御史之职。武则天也很欣赏他的才华和灵活公正的处事方式，于若干年后任命他为宰相，称他"雅达政方，早膺朝寄"。

【评注】

《妄谈·疯话：老宣放言录》中说："不如山，不能坚定；不如水，不能曲达。"说的是做人如果不像山，就不够坚定；做事不像水一样变通，就不能弘扬心中的正道。狄仁杰在处理权善才砍树一事上，就以智圆行方的攻心之术，坚持原则的同时，灵活劝谏，既保全了两位名将的性命，也保全了皇帝的名声。

首先，做事不死板，能灵活变通，体现智圆。面对权善才一案中皇帝的震怒，他不是一味地与皇帝据理力争，正面抗命，而是采取了灵活变通的策略。他先列举前朝昏君和明君的不同作为，进而将高宗比作尧、舜那样的开明君主，这就让高宗乐意听他的劝谏，否则自己岂不是成了桀、纣那样的暴君？在获得说话的机会后，他又晓之以理，委婉劝谏，借汉文帝的事例强调法大于情，即使是君主也要遵守法律，方能为朝臣和百姓做出表率。试想，哪个皇帝不想做名扬后世的明君？前有尧舜、汉文帝的对比，后可能背负世代骂名，高宗的内心自有一番权衡。看到高宗态度松动了，他适时给皇帝一个台阶，"既维护了国家法度，又表明您是一位开明纳谏的君主，后世必能传为佳话"。于是高宗就高高兴兴地借坡下驴，允许狄仁杰按律处罚，并升了狄仁杰的官职，以证明自己不但是一位开明的皇帝，更是一位知人善任的明君。

其次，做事坚持原则，体现方正。面对皇帝的震怒，换作谄媚之徒，必定唯皇命是从，不但会顺着皇帝的心意将权善才斩杀，保不齐还要来一个株连九族。但狄仁杰没有这样。他做事不偏不倚，不因是皇帝的命令而违法乱纪，也不因是阶下之囚而乱用刑罚，而是先进行调查，继而依律处罚。

总之，狄仁杰虽然性格执着，一生坚持原则不动摇，但在为官行事时懂得灵活变通，这也是他纵然宦海沉浮仍能成就其一世功名的重要原因。同时这件事也提示我们，做人做事既要坚持底线原则，也要不受教条的束缚，灵活变通，如此一来既秉持了规则、法度、誓言的底线，又能很好地保护自己，实现自己的理想和目标。

三、曲径通幽

【原典】

将欲取之，必固与之。

【简译】

要想从别人那里得到些什么，就得暂时先给予对方些什么。

【评议】

此语源自老子《道德经》第三十六章，前几句为"将欲歙之，必固张之；将欲弱之，必固强之；将欲废之，必固兴之"，强调要想夺取什么，可以暂且给予对方一些利益，用外在的假象迷惑对方，诱使其放松警惕，一旦抓住对方露出的破绽，便可寻机连先前失去的一起夺回来。整句话强调了如果想要得到就得先学会舍弃这一变相达成目标的方法。

深谙辩证之道的老子，借这句话提示我们，无论是国家还是个人，倘若想从别人那里得到什么时就明目张胆地去抢夺，必然会遭到对方的强烈反抗，成功的可能性便大大降低了。如果先满足对方的某些需要，使其放松心防，再利用矛盾转化的原理制造有利于己方的声势，就能达到避强击弱、出奇制胜的结局。这是一种曲径通幽、反其道而行的攻心之术，一种曲线达成目标的策略。

汉初名将周亚夫因平定"七国之乱"迎来了人生的高光时刻，五年后由太尉升任丞相。随着地位的升迁，他也愈发变得居功自傲，甚至连皇帝也不放在眼里，公然违抗皇帝的命令。为了除掉这个功高震主、目空一切的臣子，汉景帝采取了"欲取先予"的攻心之术，凡事都听取周亚夫的意见，任其将皇亲权贵得罪个遍。周亚夫众叛亲离时，便借私藏甲盾案一举将其定罪。于是失去了众人的支持的周亚夫由"强"瞬间变"弱"，最终被轻松除去。

海明威的小说《老人与海》中，老人面对不见头尾的大鱼，如果不顾结果地与其搏斗，不光捕不到鱼，还可能落得个船毁人亡的结果，于是采取了欲取先予的办法，任凭大鱼拖着小船逃向深海，还不时放出更长的钓线，给予其宽松自由，待其疲惫不堪，再也无力挣扎时，便慢慢收拢钓线，最终将其捕获。

由此可见，欲取先予这一攻心之术，实质是迂回达到目标的妙策。将其运用在人际交往中，一方面可以规避强烈的对抗情绪，利用暂时的"予"和"舍"，变相实现"取"和"得"的目的。曲径通幽的过程似乎很曲折，却是以弱敌强的妙招。另一方面可以起到迷惑和麻痹对手的作用，以刺激对手迅速达到盛极而衰的态势，从而暴露对方的弱点，为出奇制胜创造机会。

不过，要促成这一攻心之策的成功，必须要做好严格的保密工作，重点要做到"藏"和"示"，即隐藏真正的目的，展示给对方"弱"的表象，以假象迷惑对方，使其露出破绽。

【事例】

康熙帝欲取先予除鳌拜

清朝的康熙帝8岁登基，在位长达61年，创下了诸多辉煌政绩。尤其是他16岁智擒鳌拜的壮举更是广受赞誉。在这件事上，他采用的就是欲取先予的曲径通幽之策。

鳌拜战功卓著，武艺超群，号称大清第一勇士，是顺治帝遗命的四大辅政大臣之一。康熙登基后，随着四位辅政大臣内部势力的变化，原本位居末位的鳌拜的势力日益强大，为人变得十分专横，日渐暴露出狂妄之态，年幼的康熙皇帝也根本没被他放在眼里，对康熙的婚事也指手画脚，横加阻挠，更不用说还公然违抗康熙下令停止圈地的圣旨了。他仗势强占大片农民土地，分给与他亲近的八旗贵族，诬陷反对的官员，并假借大逆不道之名处死多名地方官。随着权力越来越大，鳌拜越来越霸道，几乎没人敢于和他正面对抗，他还企图把持朝政架空皇帝。他在该功成身退时却牢牢把握权力，甚至构陷朝臣，公开在朝堂上与康熙争吵，令皇帝颜面扫地。

面对此情此景，康熙皇帝是怎么做的呢？他一方面由着鳌拜铲除政敌，擅权专政，在朝堂上呼风唤雨，无皇帝之名却行皇帝之实，风头堪比当年的摄政王多尔衮，而且加赐其一等公的爵位。另一方面，他为自己找了一批年轻的贵族子弟做护卫，挑选其中健壮有力的苦练擒拿摔跤，培养自己的势力。结果就是鳌拜每次进宫都能看到这些少年在御花园里吵吵嚷嚷地摔来摔去，他只当是孩子们闹着玩，根本没把此事放在心上。

终于，当鳌拜在朝廷上下风头无两，利用遍布朝廷内外的党羽，大肆排斥异己，众多朝臣的怨愤越来越严重时，康熙皇帝在某天下旨召见鳌拜，要他单独进宫商议国事。鳌拜像平常一样大摇大摆地去见皇帝，他刚跨进御书房的门槛，一群少年就趁他毫无防备之机将他打翻在地。纵然鳌拜出身武将，但面对着一群经过专门训练的摔跤高手也在劫难逃。很快，康熙皇帝委派的人员就对鳌拜进行审讯，最后宣布30条罪状将其革职、斩首。

【评注】

在智擒鳌拜这件事情中，我们可以充分看到康熙皇帝运用了攻心之术，尤其是欲取先予的曲径通幽之术，让原来骄横的权臣领教了年轻皇帝的厉害之处，从此再也没人敢在他面前放肆。在整件事情的过程中，康熙皇帝是怎样一步一步欲取先予，实施攻心之术的呢？

第一步：充分给予。

年幼的康熙皇帝看清楚自己和鳌拜之间的实力差距后，明白了就算是身为帝王也有无奈受制于朝臣的时候，于是他明智地选择了充分给予的方式，一方面迷惑对方，另一方面以期激起众怒。正所谓，欲令其亡先使其狂，康熙皇帝在鳌拜的狂妄之路上，不断为其加码：先是任由他专权独断，凭着资格老、军功高，摆出一副气势夺人的架势，做出擅权自重的行为。就这样，一步一步，鳌拜的气焰日盛，朝臣对他的怨怒之气也日渐高涨。

第二步：适机夺取。

康熙帝知道朝臣们已经到了忍无可忍的程度，鳌拜本人也狂妄到了目空一切，正站在众叛亲离的悬崖边缘，这代表着朝廷内外的声势已经转向自己，到了清算旧账、夺权立威的时候了。于是他经过充分的准备，趁鳌拜不备，一击即中，达到了诛杀的目的。

整个过程中，康熙皇帝的曲径通幽之策贯穿其中。开始的隐忍和"欲取先予"，迷惑对方的同时，也为自己暗中积蓄力量，训练人手的"取"打下基础。这才让他能在对方疏忽大意下突出奇兵，一举将其制服，则是"取"的高峰。

人际相处虽然不会如朝堂中那么复杂，但倘若能将曲径通幽之术融会贯通，保持正心正念，用其辅助自己达到攻心的目的，就可以在不知不觉中让自己获得良好的人际关系，助力自己美好目标的达成。

四、敲山震虎

【原典】

刚中柔外也。

【简译】

骨子里刚强无比，外表则谦卑柔和。

【评议】

上述策略源自《三十六计》，原指战争中迷惑敌人的策略，用于人际关系中，则强调与人相处，既能说话轻柔和善，对人温柔以待，又能坚持自己的原则，内心坚定、不动摇。

美国心理学家丹尼尔·戈尔曼在其作品《情商》一书中说："你让人舒服的程度，决定着你所能抵达的高度。"一个人在人际交往中如果一言一行、一举一动都能让对方感到舒服，那么就会被对方发自内心地接受。因此高情商的人在与他人相处时，遇到有分歧的问题，不会与他人硬碰硬，而是借助于温柔的话语、贴心的举止，让对方感受到尊重的同时获得真正阐述个人观点或看法的机会，从而使对方由衷地愿意与其接近，乐于与其来往。当然，人际交往中难免会遇到一些得寸进尺、得陇望蜀的人，会把你的温和与贴心误解为懦弱讨好，这时候就要采取敲山震虎的策略，委婉地表明自己的原则和底线，同时暗示对方如果继续为所欲为，必将遭到强烈的反击和应有的惩罚。

《宋史·陈希亮传》记载了一个小故事。宋仁宗时，西域于阗国派使者前来进贡。使者一路十分傲慢骄横，肆意破坏驿馆的器物，放纵手下人在街市上胡作非为，百姓们吓得大白天紧闭门户不敢出门。使者一行进入凤翔府（今陕西凤翔）境内继续为所欲为。知府陈希亮曾经接待过契丹使者，他知道使者一开始不敢横暴，都是翻译把他们教坏了。于是他派人带着信符去告诉翻译：到了我的管辖地，如果有丝毫的不法之举，就先斩了你，还让翻译签了军令状。使者一行到凤翔府拜见陈希亮，他在府衙里宴请他们，没有一个人敢喧哗吵闹。在凤翔期间，陈希亮对使者一行以礼相待，双方相安无事，之后便护送他们上路了。

陈希亮使用敲山震虎的策略间接地警告对方，"刚中"威慑他们不得违法乱纪，"柔外"对他们以礼相待，达到了攻心使其克己守礼的目的。这又提示我们，敲山震虎不是委屈自己，成全他人，而是让双方均获得舒服，如此才能形成良性而长期的关系。

具体在实际的人际相处中，一方面要坚持凡事有自己的看法，做人有自己的原则，不委屈自己迁就对方，面对对方的无礼要求或不当行为不能逆来顺受，而是敢于表达自己的观点和看法，做到成就对方的同时也成全自己。另一方面，对于非原则性问题则能对人宽容以待，有礼有节地适时退让。这样一来，才能在与人相处时既能如水一样柔和，也能像山一样坚定，以强大的人格魅力吸引到真正的朋友，找到真正的合作伙伴，形成自己的人脉，创造互利的成长圈子。

需要注意的是，敲山震虎作为一种委婉的威慑之计，若想实施成功，需要学习与历练。首先要提前做好功课，清楚与沟通对象的相关特点，以及对方的痛点和弱点；其次要做好充分的准备以防万一，不妨提前将自己做人、做事的原则和底线明示或暗示给对方。

【事例】

弦高敲山震虎退秦军

前628年，秦国想趁郑国国丧，秘密发兵攻打郑国。远征奔袭的秦军到达离郑国还有几十公里的滑国时，被正赶了一批牛到周国去贩卖的郑国商人弦高看到。弦高暗想，滑国突然出现这么多坚甲利兵的秦国军队，他们要去哪儿？他和同行的人商量说：秦军不顾劳顿，穿过好几个诸侯国来到这里，看这架势肯定是去袭击郑国的。凡是想偷袭的人，都是趁对方没有防备。如果能让他们知道郑国对他们的行动一清二楚，已经做好防范了，那么他们就不敢继续前去进攻了。

弦高看看身后的牛群，计上心来。他一面让同行的商人火速赶回郑国报信，一面赶着牛群来到秦军的营地，请守卫的士兵向秦军主将通报，假称自己是郑国国君派来的特使。秦军主将孟明视一听有郑国特使来访，不禁大吃一惊，为了探明实情，他亲自接见了弦高。弦高对着孟明视侃侃而谈，声称新君郑穆公闻听秦军经过郑国，特意派他前来犒军，并承诺秦军在此停留一天郑国就会供应一天的粮草，如果秦军连夜赶路就会提供一天的护卫。接着，弦高就献上了特意准备的四张上等牛皮和12头肥牛。

另一边，收到消息的郑穆公赶紧下令准备迎战，并让大臣皇武子去驿馆监视秦国使者杞子等人。皇武子虽然发现这些人都盔甲上身，摆出一副随时准备战斗的架势，但还是假装不知道他们打算和远道而来的秦军里应外合的阴谋，委婉地下了逐客令。等这些人走后，郑穆公又派人处置了内奸，断了秦军的内线。

秦军主帅孟明视从弦高的态度上意识到来者不善，认为郑国已经做好了准备，加之没有收到内应杞子等人的消息，不敢贸然进军。最后几经考虑，孟明视改变了主意，取消了袭击郑国的计划。

【评注】

这个故事出自《左传·僖公三十三年》。故事中的弦高凭着机智退敌，使郑国避免了灭国的灾难，他智退秦军的故事也流传了下来。在整件事的处理过程中，弦高之所以能凭一己之力退敌，全靠他采用的"刚中柔外"的敲山震虎攻心之计。

弦高在得知秦军偷袭郑国的意图后，作为一个热爱自己国家的商人，他义不容辞地挺身而出。可是他身处滑国，且身边只有一个合作伙伴和一群牛，怎么可能挡住强悍的秦国军队呢？于是经过思考后，他就按如下步骤巧妙地实施攻心之计：

首先，在获知秦军偷袭郑国的意图后，他让合作伙伴回郑国报信，让郑国的军队动员起来，做好有备无患的准备。接到消息的郑穆公也严阵以待，一方面驱逐秦国的内应；另一方面除掉本国的内奸，做好了迎战的准备。

其次，弦高自己假扮成郑穆公的特使，赶着牛群来到秦营，声称奉命犒劳秦军，还像模像样地送上四张上等牛皮和12头肥牛，以示敬意。同时，他又柔中带刚地暗示孟明视：如果秦军只是临时在此停留，我们就以礼相待，为你们提供粮草，并为你们提供保护。他的言外之意是，郑国的军队早就做好打仗的准备，既然能保护你们，同样能抵御你们的袭击。

弦高以礼相待的态度和柔中带刚的说辞，也的确发挥了作用。孟明视果然相信郑国已经知道秦军的偷袭目的，并为此做好了应战的准备，如果秦军不识时务地继续前进，必然会以失败告终，于是就率军无功而返了。

在人际交往中也一样，遇到意见分歧，被人冒犯或有冲突风险时，同样可以使用"刚中柔外"的策略。就像故事中的弦高一样，先以礼相待，尊重对方，在和谐友好的"柔"中表现出坚守原则的"刚"，委婉地震慑或警示对方，使对方知难而退，同时不破坏表面友好相处的和谐关系。

五、以柔克刚

【原典】

损刚益柔有时，损益盈虚，与时偕行。

【简译】

有的时候需要以刚抑柔，有的时候则要以柔克刚，采取什么样的策略要依时而行。

【评议】

这句话出自《易传·象传·下》，联系后半句"损益盈虚，与时偕行"可知，指的是世间万物的强弱和虚实都是会随着时间而发生变化的，为人处世要与时俱进，根据外界环境的变化而灵活调整。用于人际关系处理，则强调人际相处中要依据人或事灵活调整相处的策略，方能真正打动人心。

故事要从20年前讲起，薇薇安女士计划在自家庄园里加盖几栋房屋，邻居凯莉女士认为她盖起来的房子会遮挡自家的视野，于是联合其他邻居一起成功地阻止了这项计划，让自己仍能在闲暇之余坐在窗前一边品茶一边欣赏美丽的景色，享受惬意的生活。没想到，不久后，薇薇安女士就在自家门前种了一排利兰树篱。这些树篱开始非常低矮，没人注意，可是十几年后，低矮的树篱长成了一道高达15米的树墙，比房子高出好几倍。现在，凯莉女士从自己的家望出去只见一片树木，每天只能望树叹气。

20年前的凯莉面对薇薇安的盖房计划，联合其他邻居强力阻止了对方的行动，态度不可谓不强硬，然而随着时间的流逝，双方的强弱慢慢易势，最终凯莉只能望树哀叹。如果最初的时候，她能灵活处理邻里关系，双方各退一步，而不是以强势压人，也不至落得如此结局。由此可见，柔和刚是一对永远矛盾的状态，表面上看刚略胜一筹，柔似乎总要屈居在后，但最后获胜的常是看似柔弱的一方。这正如薇薇安，她采取的以柔克刚的策略就成功地让自己由弱转强。

"柔"之所以能克"刚"，就是因为"柔"体现的是一种更为持久的力量，"刚"则更多体现的是一种短暂或瞬间的爆发力，因此难以长久。这同样也是为什么水滴可以保全石头完整的同时达到穿石的目的，而锤击虽然可以将石头分解，但收获的却是不完整，甚至两败俱伤的结果。

世界上没有两片完全相同的树叶，也不可能存在想法、观点或行事风格完全一样的人。这就决定了人际相处中必然会存在分歧和矛盾。因此要获得良好的人际关系，就要学会用以柔克刚的攻心技巧，用和善、包容和适时妥协化解矛盾，促成双方和谐共处，一方面可以减少冲突的发生；另一方面还可以为双方增进理解和信任留下空间，达到建立更稳固关系的目的。

【事例】

汉武帝以柔克刚，削弱诸侯力量

刘邦建立西汉王朝后，为了使刘家政权万世长存，他严厉打击异姓诸侯，分封刘姓子弟为王，希望这些诸侯王能在紧要关头发挥护卫皇室的作用。

但随着这些诸侯渐渐做强做大，他们的野心也日渐膨胀，有些胆大者开始觊觎皇位，终于在汉景帝时爆发了"七国之乱"。虽然朝廷举全国之力平息了叛乱，对诸侯国的势力予以沉重打击。但汉武帝刘彻坐上皇位时，一些诸侯国的势力仍然不容小觑，隐隐地威胁着皇室的安全。

西汉元朔二年（前127），谋臣主父偃向汉武帝献计：古时候的诸侯封地大多不过方圆百里，势力单薄，朝廷还比较容易控制他们。现在，有些诸侯竟然拥有几十座城池，整日骄奢淫逸，闲下来便伺机图谋大位。朝廷一要收回权力或限制他们的权力，他们马上就起兵反叛。为了确保后世的江山社稷，陛下应该尽快推行削藩之策。

实际上，汉武帝深知诸侯拥兵自重的危害，也特别想削弱他们的封地。但他鉴于"七国之乱"的教训，担心削藩引起诸侯的强烈反抗，动摇国本，所以他一直举棋不定。于是主父偃就献上了一个以柔克刚、推恩散势的削藩之策，就是后来的"推恩令"。具体的内容就是允许诸侯王推广恩德，除嫡长子继承王位外，可以把封地拆解分封给其他的儿子，并在上报朝廷后，由皇帝赐予他们相应的爵位和封号，使之与嫡长子并列为侯。这样一来，继续封地的诸侯子弟们，尤其是诸侯王侧室所生的子嗣们，对汉武帝无不感激涕零，纷纷称颂陛下的仁爱之心。诸侯王当然清楚"推恩令"背后的真正目的：将诸侯王的封地化整为零，削弱了他们的势力，使其无力与皇帝分庭抗礼，但迫于众多子弟得到封地的要求，又不得不这么做。

就这样，随着"推恩令"的施行，大诸侯国被肢解得七零八落，其势力也随之大减。这为汉武帝后面强力削藩打下了基础，最终困扰朝廷数十年，威胁皇权的大问题消弭于无形。

【评注】

这个事例出自《史记》，汉武帝用"推恩令"解决诸侯王尾大不掉问题的方法，就是典型的以柔克刚的策略。

首先，"推恩令"不强制要求，本着自愿的原则。这样一来，就把矛盾推到了诸侯国内部。对于一直被嫡长子压得死死的其他子女来说，那是妥妥的福利。不管是庶出子本人，还是他们的母亲——受宠的侧妃们，必定要在诸侯王耳边吹风。这样一来，诸侯国内部就会发生矛盾和冲突，间接帮了朝廷的忙。这是一"柔"。

其次，"推恩令"赐予诸侯更多的爵位。只要是得到诸侯王封地的孩子，朝廷就会给其爵位和封号。爵位和封号这些虚的东西，朝廷只需颁布一道诏令，又不用给地和钱，何乐而不为？这又是一"柔"。

就这样，这一"以柔克刚、柔中带刚"的策略，实现了皇室与诸侯势力的强弱转换，达到了化解诸侯势力于无形，加强皇室中央集权的目的。

中国有句谚语"四两拨千斤"，讲的也是以柔克刚的道理。在现实生活中，遇到矛盾冲突时，要学会从大处着眼，学着利用"以柔克刚"的思维寻找一条双赢的道路，获得良好人际关系的同时，达到攻心的目的。

六、雪中送炭

上兵伐谋。

最高的用兵法则是使用谋略使敌人放弃攻打你的想法，从而以最小的代价获取胜利。

上述内容是《孙子兵法》的重要思想——攻心。这也是古代军事理论的重要战术，一种"非攻之攻"的战法。移用到人际关系中，意在强调能否获得对方发自内心的喜欢，是决定双方关系的深度和质量的基础。

人际相处中怎么获得对方的真心呢？除了要以真诚相待之外，最重要的还是抓住时机。雪中送炭就是这样一种切实有效的攻心之策。

经济学中有一个边际递减效应，指的是在其他条件不变的情况下，某种商品或服务被消费得越多，其所产生的附加值就越少。简单地说，当一个消费者多次购买同一种商品后，随着其购买次数的增加，消费带来的快乐就越少。这一原理道出了雪中送炭为何可以达到攻心的效果：救人于危难。

试想，一个人在生活安逸、顺风顺水的时候，他人送上一袋面包，这个人会不以为然。当这个人一旦失业、破产或陷入困境，连饭也吃不起的时候，他人送上一个面包，这种恩情想必这个人一辈子也不会忘记。因此要获得良好的人际关系，就要注意与人相处时把握加深双方情谊的时机，急他人所急，想他人所想，在对方最需要帮助的时候施以援手，那么关系的加深就是必然的结果。

怎么做呢？那就是多观察，多了解，一是借助于观察发现身边朋友是否正需要帮忙，如果需要就要量力而为地伸出援助之手，帮助其脱离困境；二是借助于了解，确定用什么来帮助，以便让帮助精准到位。如果对方需要的是精神上的帮助，比如心情不佳需要疏解，那就在对方需要时或陪伴在侧，或为其开解；如果对方需要的是物质上的帮助，比如经济困难，周转不开，那就不妨在自己有能力的前提下给予适当的帮助。当然，如果朋友需要的物质上的帮助是我们力所不及的，适时送上真诚的关心也是一种雪中送炭的行为，同样也会让对方感到温暖，从而加深彼此之间的感情。

需要注意的是，"雪中送炭"的"炭"一定是对方需要的，因此要注意投其所好；"雪中送炭"的"炭"一定是自己有的，且是富余的，须知人必自爱而后才能发自内心地爱人。

【事例】

荀巨伯救友于危难

东汉的时候，颍州（现属河南）有一个名叫荀巨伯的人，他有一个住在很远地方的朋友患了严重的疾病，卧床不起。荀巨伯听到这个消息，就急忙前去探望朋友。

他到达朋友家没多久，战争爆发了。敌军将这座城池团团包围，要攻城杀人。看到城破在即，很多人就离家舍业逃走了。朋友让荀巨伯也赶紧走，他坚决不同意。过了几天，敌军将城池攻下，杀入城中，烧杀掳掠无恶不作，百姓携妻挈子四散逃难。这时，重病的朋友又劝荀臣伯："你赶快逃命去吧，我重病在身，根本逃不了，更何况我已经活不长了，何必再拖累你呢？你赶快离开这里！"荀巨伯听了，一边安然地陪坐在朋友身边，一边对他说："你把我看作什么人了？我是你的朋友，我怎么可以丢下你一个人去逃生呢？我不辞山高路远来这里，就是为了照顾你的。现在，因为敌军攻进城，我就把重病在身的你丢下不管，那不是我荀巨伯能做出来的事情。"他安抚地拍了拍朋友的手，接着说："你就安心养病吧，不用管我，我可不是个怕事的胆小鬼。有我在这里照应你，最起码可以陪你聊天，遇事还能替你顶着！"说完，他起身，打算到厨房给朋友熬药。

就在这时，砰的一声，几个凶神恶煞的敌军士兵打破朋友家的大门，将朋友所在的屋门踢开，冲了进来。他们一边挥舞着刀剑，一边大喊着："你们是什么人？胆子挺大呀，竟然还敢在这里逗留，难道不怕死吗？"

荀巨伯从容地走到这些士兵跟前，指着躺在床上的朋友说："我的朋友病得相当厉害，根本没办法下地行走，而我又不愿意丢下他一个人逃命。所以请你们赶快离开此地吧，不要吓坏我的朋友，如果你们有什么事，那就和我说吧。如果一定要杀一个人，那么你们就将我杀死吧。放心，我只是替我的朋友去死，连眉头也不会皱一下。"

听了他的这番话，这些面露凶相的士兵安静下来。他们用不可思议的眼神看了荀巨伯好一会儿。接着，他们的语气变得缓和起来，对他说："没想到这里还能遇到品格这么高尚的人。我们不可能对这样的人挥舞刀剑。"说完，这几个敌军士兵就走了。

【评注】

上述故事出自《世说新语》。这个故事之所以能流传下来，是因为它体现了荀巨伯对朋友的深情厚谊，其宁愿替对方死的程度，感动了无数的世人。但换个角度，从人际相处的角度来看，荀巨伯的故事能如此打动人心，反映了人们对雪中送炭的友情的渴望和钦佩。

正所谓锦上添花易，雪中送炭难，具体来说，荀巨伯对朋友的"雪中送炭"之举体现在以下几点：

一是跋山涉水只为你。从故事可以看到，荀巨伯和朋友之间在空间上相距较远。他明明可以托人捎个问候口信或药物等就可以表达情意。但他却在获知对方病重到不能起床的时候，不辞劳苦地亲自去看望对方，这正是深情厚谊的表现。这样的友情，怎么不让病榻上的朋友感动，怎么不让世人感动？

二是生死之前不退缩。从故事可以看到，城破之际，人人忙着逃命，毕竟命只有一条呀。荀巨伯的朋友此时已经命不久矣，但他还选择陪伴对方，甚至公开说可以替对方死。这种为对方可以牺牲生命的举动，相比那些大难临头各自飞的朋友或伴侣，怎能不让人感动？怎能不让人佩服？

当这位病榻上的朋友看到老友从远道而来，怎能不感动？当这位不久于人世的朋友，看到挡在敌人面前的朋友，听到他愿意替自己去死，怎能不动容？这也就是荀巨伯能打动敌人，打动天下人的原因。

综上可知，在人与人相处的过程中，互相帮助是常见的现象。如何既帮助对方，又能深化彼此的友谊，抓住雪中送炭的时机，送上合乎对方所需的"炭"不失为一种贴心的方法。

七、欲扬先抑

【原典】

离合有守，先从其志。

【简译】

双方意见不同时，可以先让对方按他的思路讲，听听他的想法或建议，不必急于反驳。

【评议】

这句话出自《鬼谷子·捭阖》，前半句是"可与不可，审明其计谋，以原其同异"，是指无论双方的想法是否相合，都要深入了解对方的观点及缘由，清楚双方的异同。它提示我们，人际相处中要学会倾听和等待，尤其在双方发生矛盾冲突或分歧时。

良好的人际关系需要精心维护。在现实生活中，无论多么亲密的朋友，也会存在矛盾分歧的时候。此时学会等待，给对方表达的机会相当重要。这时的等待，一方面用态度告诉对方："我理解你，我尊重你，你在我这里可以放心地倾吐你的看法。"这种接纳的态度，会让对方感到舒服，唤起对方最优的心理体验，从而使之放下戒备心理、好斗的心态，平静下来，为后面双方平和地沟通创设外在条件；另一方面，给对方充分表达观点和看法的机会，也让我们充分了解对方的所思所想，进而对比自己的观点和看法，冷静地思考和分析，找到双方分歧的关键，找到解决问题的方法，进而达成与对方的沟通。

这样的相处之道，体现的就是欲扬先抑的人际相处艺术。它可以为双方的交流与沟通提供空间，给双方以缓冲，避免了冲突扩大化。同时也让我们在此过程中寻找到最佳的沟通方式，进而打动对方，成功化解矛盾，促进关系的融合。

具体到人际相处中怎么做呢？那就是一旦发生分歧，不妨"先从其志"，即先保留意见，认真地倾听对方的观点和看法，明确对方所思所想后再适时、针对性地提出自己的想法，更能让双方意见一致。这样一来，就避免了在为只因为片面或断章取义地理解，只听自己想听的话而导致双方的冲突越来越大，反而能让对方在倾吐的过程中放下情绪，冷静地与我们沟通。

【事例】

优孟智劝楚庄王

春秋五霸之一的楚庄王非常爱马，甚至到了几近成痴的地步。比如他的爱马只穿装饰华丽的衣服，居住在富丽堂皇的宫殿里，睡在特制的凉席上；只吃干枣果脯，每匹马都有三个专职的人来伺候，享受的待遇比楚国的士大夫还高。

　　然而很不幸，正是由于吃得太好，又缺少运动，其中一匹爱马得了肥胖症，宫中的兽医绞尽脑汁也没能治好，最终这匹马死了。楚庄王难过万分，就打算以士大夫之礼厚葬这匹爱马。消息一出，群臣震惊，纷纷指出国君的做法不合礼法，于情于理都无法服众。楚庄王正在气头上，哪能听进他们的劝告，又对群臣的谏言不胜其烦。于是他下令：再有人敢拿这匹马的事劝我，杀无赦。谁都不想去触这个霉头，大家只敢私下发几句牢骚，朝堂之上则闭口不言。

　　一个叫优孟的人听说了这件事，他就跑到宫门口仰天大哭，一副伤心欲绝的样子。楚庄王很奇怪，命人把优孟召进大殿。双方进行了如下对话：

　　楚庄王：你为什么哭得这么伤心？

　　优孟：我为大王的爱马感到不值。大王贵为一国之君，想我楚国地大物博，要什么没有？竟然沦落到只能以大夫之礼来葬它，这也太寒酸了。

　　楚庄王：那你说如何下葬才好呢？

　　优孟：我建议以国君之礼厚葬。怎么也得用玉石做棺，用南方的檀香木做椁，派最能打的将军去挖墓穴，征集全国的青壮年百姓来挑土，这些还不够，下葬时得让齐国和赵国的使者在前面开路，请韩国和魏国的使者殿后护卫。下葬之后，还要建一座宗庙，长年用牛羊等牲畜来供奉和祭祀。守墓的人不必太多，怎么也得一万户吧。大王要让天下诸侯都知道，我们堂堂楚国贱人而贵马……

　　楚庄王：难道我犯了这么大的错吗，那依你看怎么处理更好呢？

优孟：请大王以牲畜的葬法埋葬这匹马吧，找个铜锅做棺，堆个土炉灶为椁，随葬一些生姜、大料、花椒、香草等调料，再用米饭当祭品，葬入大家的肚子里，岂不更妙？

楚庄王听后，哈哈大笑……

此后，他把宫中的爱马全部送到军营，改由士兵喂养和训练。那些马经历过风吹雨打，全部锻炼成为驰骋疆场的战马。

【评注】

这个故事出自《史记·滑稽列传》，形象生动地说明了人际相处中欲抑先扬的攻心之术的应用。我们一起来看一看优孟是如何先扬后抑，成功地说服楚庄王的。

第一步：先从其志。

在双方沟通开始，优孟没提任何关于马的事情，而是和楚庄王谈情感。于是楚庄王得以表达痛失爱马的伤心。在这一过程中，优孟还陪着对方哭，甚至比对方内敛的哭更夸张，他用仰天大哭表达比楚庄王的伤心程度更深。人人都喜欢被理解和认同，于是同样的情绪拉近了两人的距离。楚庄王立刻就被感动了，从心里把优孟视为知己。

在谈到葬马时，优孟又一路顺着楚庄王的想法说，并且觉得他为爱马所做的远远不够，还可以做更多的事情才能表达他的爱马之情。这一番话可说到楚庄王的心坎里去了，那么接下来，他就愿意洗耳恭听优孟有什么更好的主意。

在这里，优孟其实运用的就是共情方法。优孟仰天大哭是对楚庄王伤心情绪的理解和认同。这样一来，楚庄王就愿意倾听他的想法，不再怀着抵触情绪了，他也就得到了表达自己的观点和看法的机会，为后面的沟通打下了基础。

第二步：再述目的。

当楚庄王放下对优孟的防备心理，优孟就获得了与之深入沟通的机会；当楚庄王见到优孟痛哭之后，负面情绪就得到了宣泄，也就愿意冷静地倾听时，优孟这才缓缓道出此行的目的——让楚庄王放弃以大夫之礼葬马的荒谬想法。最妙的是，他的目的得以达成，不是自己提出的，而是楚庄王自动认识到的。

从对话中可以看到，优孟在变退为进时，不急不缓，而是一步一步引着楚庄王提问，让对方自己去思考和发现问题，最终自己说服了自己。其攻心技术之高令人叹服。

由此可知，人际交往中，要采用好"先从其志"的欲抑先扬的方法，共情必须在前。而且这样的共情不是曲意逢迎，而是真诚的理解，如此才能使对方与我们展开心与心的交流，最终达成"攻心"的目的。

八、旁敲侧击

【原典】

醉翁之意不在酒。

【简译】

醉翁的本意不是为了喝酒。

【评议】

这句话出自北宋欧阳修的《醉翁亭记》，原句是"醉翁之意不在酒，在乎山水之间也"。欧阳修借这句话表达了自己与民同乐的志向。于人际交往而言，这句话道出了一种攻心之术——旁敲侧击。

所谓旁敲侧击，就是借助于语言（包括身体语言）、知识、阅历、交往技巧，以及对环境的利用等，以迂回委婉的方式向对方点明要害，从而令对方受到震撼，进而间接而隐蔽地达到沟通的目的。这种沟通方式，可以起到既照顾对方的情绪情感，又将自己的想法表达出来，促发对方思考和行动的效果。

人心是这个世界上最复杂的东西。要促成良好的人际关系的形成，首先就要了解人心。无数事实表明，趋利避害是人的本性。因此在人际相处中，决定关系深浅的固然是情感、理念和情趣等因素，但最根本的因素往往是利益。它常常决定着双方关系能否持续或深浅。因此与人相处，斟酌利弊，考虑得失，不是可耻的事情，而是人之常情。

在运用旁敲侧击之术之前，先要对人心有充分的认识，对人的心理有着清晰的把握。如此一来，才能在维护双方利益的前提下，以尊重他人的自尊心出发，潜移默化地从心理层面来影响、驾驭和改变对方。诱导其潜在心理，使之在心情愉快的情况下帮助我们达成目的。

一般来说，面对一些难堪、尴尬的局面，或者对方做出无理取闹的行为，或者对方提出我们无法直接回答的问题时，就可以运用这一方法，从而巧妙地予以回击和化解，既可以做到不伤害对方，也能有效地保护自己。

【事例】

荀息旁敲侧击说服晋灵公

春秋时期的晋灵公奢侈残暴，常因小事随意杀人。有一天他突发奇想，想建一座豪华的九层高塔。对于这个不切实际、劳民伤财之举，群臣自然不赞同，征集大量的百姓，耗费巨量的财力物力，对国家的前途发展不利，于是纷纷上书劝阻。但晋灵公一意孤行，甚至下了"谁敢劝阻，格杀勿论"的命令，于是朝堂上顿时一片沉寂……

没想到过了几天大夫荀息就来请见，声称自己最近刚学了一个小把戏，所以想赶紧来表演给晋灵公看。晋灵公问是什么把戏，苟息告诉他把戏的名称叫平衡术，就是在摞起来的九个棋子上面放上九个鸡蛋，但棋子不会倒塌，鸡蛋不会打碎。这的确是一个有意思的把戏，晋灵公就让身边的侍从拿来棋子和鸡蛋，让苟息表演给大家看。

苟息认真地把九个棋子摞起来，再小心翼翼地往上放鸡蛋。一个，两个……所有人屏住呼吸，瞪大了眼睛，担心鸡蛋会掉下来，晋灵公更是大气也不敢出，满头大汗地在一边轻声说着"小心"。第三个鸡蛋刚摞上去，伴随着晋灵公的一声"危险"，鸡蛋"哗啦"一声全摔在地上，棋子、蛋液、蛋壳散落一地。看着一片狼藉，晋灵公不停地说着"危险，危险，实在太危险了"，但苟息却说还有比这个把戏更危险的事。晋灵公就问是什么，催对方说出来让他也开开眼界，只见苟息立即起身说："建九层高塔就是比这个把戏更危险的事情。"接着，苟息开始阐述建这样的高塔的危害。随着苟息的讲述，晋灵公的脸色越来越严肃，当苟息说此举会让民心散乱，引来别的国家的趁火打劫，让晋国的江山难保时，晋灵公终于开始思考问题的严重性了。没几天，他便下令停止建造高塔。

【评注】

这个故事可以轻松地理解旁敲侧击的攻心之术。让我们一起来看一看，大夫苟息是如何借旁敲侧击说服晋灵公放弃建塔的行为的。

第一步：找到"旁"。

要达到旁敲侧击的目的，"旁"这一目标相当重要。大臣苟息的所谓平衡术，就是一个相当巧妙的"旁"。从故事中可以看到，这个"旁"是一层一层堆起来的，其搭建的过程和九层塔的搭建过程相似。同时，这个游戏的过程又相当惊险刺激，成功地将晋灵公的注意力吸引到上面，既避免了被杀的危险，又利于后面的"侧击"。这一"旁"的巧妙，从晋灵公观看把戏的反应就可以看到。

第二步：进行"侧击"。

如果说"旁"的寻找不容易，"侧击"则更难。荀息是怎么做的呢？他在吊起晋灵公的胃口，使之进入紧张状态下让把戏失败，进而借着失败后的一地"惨状"——棋子、蛋液、蛋壳散落一地，让晋灵公感到问题的严重性。当晋灵公发出"危险"的呼声，并被惊出一头汗的时候，荀息指出"还有比这个把戏更危险的事"，侧击的高潮来了。不知其意的晋灵公果真中计，让他说出来，荀息顺理成章地提出九层塔的巨大危害。

第三步：启发对方觉悟。

这一重重的"侧击"将晋灵公敲醒，他终于认识到自己的要求的危害性，主动下令停止建造高塔，旁敲侧击的目的达到了。

由此可见，攻心并不一定要进行激烈的辩论，也不一定要滔滔不绝地说服对方，更多是和风细雨的引导，用此事说彼事，引导对方自己思考，主动改弦易辙。而这就是旁敲侧击的高明之处吧。

九、借力打力

【原典】

用其所长，掩其所短。

【简译】

任用人才时，要用他擅长的，避开他不擅长的。

【评议】

这句话源自《贞观政要》，前半句是"因其材以取之，审其能以任之"，合在一起是指选用人才时要根据其才能将其安排到适合的岗位，考察他的能力，之后再量材任用。这种用人的智慧，用于人际交往中就是借力打力的方式，旨在创设共赢的人际关系。

所谓"尺有所短，寸有所长"，人无完人，在人际相处中，我们不可能接触到的都是全才。尤其是身为管理者，身边不可能全是综合型人才。要创设良好的工作氛围，调动每一个人的工作积极性，就需要管理者能用人所长，掩人所短，在借力打力中发挥每个人的力量，促成目标的达成。

　　具体怎样做呢？这就需要我们能善于观察和发现，发现身边人的长处和不足，进而针对不同的人借不同的力，使之为我所用；能依据当下的不同状况，因人而异地"借力"，再因人而异地"打力"。

　　每个人都有其独特的优势和技能，要借力就要发现每个人拥有的资源，进而为精准借力打下基础。比如借助于聊天，发现那些能言善辩之人、耿直坦率之人；借助于共同做事，发现技术过硬之人，乐于助人之人；借助于一同吃饭，发现爱占小便宜的人，对人对事宽和相待之人……将身边人的这些不同的特点看在眼里，记在心上，以便必要时借力。

　　生活在群体中，人人都有需要他人帮助的时候。如何提升获得的帮助的针对性呢？那就是借力的技巧了。我们在对周围的人进行了充分的观察和了解后，在需要他人帮助时，就可以针对性地向目标借力。比如遇到不讲道理的人时，不妨将能言善辩的人请来，借他一臂之力；遇到技术性问题时，不妨将技术过硬之人请来，借他一臂之力……

　　当然，"借力"的过程中，需要我们一方面用真情打动对方，使对方愿意主动借力；另一方面需要我们对症下药，根据不同人的性格特点采用不同的攻心之术。

【事例】

孟尝君巧用借力，成功脱秦

　　齐国的贵族孟尝君田文门下有门客三千，其中不乏一些声名狼藉的人，但每个人都各有所长。孟尝君并没对他们区别对待，而是一视同仁，因此这些门客都对他忠心耿耿，尽自己所能助其成事。

孟尝君曾应秦昭王之召到秦国做相国，秦昭王在了解到他的能力后担心他借机帮助齐国，于是在将他罢免后又把他软禁起来。为了让自己尽快离开秦国，孟尝君派人与秦昭王宠妃联系，希望她能替自己在秦王面前说情。宠妃答应帮忙，但提出要一件狐白裘的条件。这个狐白裘是孟尝君送给秦昭王的珍宝，天下只此一件。就在孟尝君一筹莫展的时候，门客中一个做过小偷的人说他可以办到，并果真在半夜从狗洞钻进秦宫，偷出了狐白裘。妃子得到宝物后，也兑现诺言，说服秦昭王将孟尝君放走。

孟尝君怕秦昭王反悔，连夜带着门客匆匆离开。一行人到达函谷关时正值半夜，城门还没开。按秦国的规矩，城门是在鸡鸣之后开放的。担心秦昭王反悔，派人追来，于是一个擅长学鸡叫的门客就溜到城门边学了几声鸡叫，结果城里的鸡都跟着叫起来。守城的士兵就打开了城门，将他们放出关。孟尝君就这样回到了齐国。

【评注】

这个故事出自《史记·孟尝君列传》，司马迁记叙这件事，原旨是为了说明孟尝君田文有容人之量、用人之智，换个角度，这个故事则向我们证明在人际相处中借力打力的攻心之术，可以让双方受益，促成互利互惠的共赢关系的形成。

首先，门客借孟尝君之力。人际交往中的重要原则是互惠互利，唯其如此双方才能达到力量的平衡、关系的平等。这是借力打力的重要前提。从故事可以看到，孟尝君的门客三教九流无所不包，其中不乏鸡鸣狗盗之辈。这些人投靠孟尝君，并非完全为了混一口饭吃，严格地来说是为了借力——借孟尝君的地位，让自己得以跨越阶层。如此一来，那些鸡鸣狗盗之辈就可以昂起头做人，甚至可以借其力报复那些瞧不起他们，甚至伤害过他们的人。

其次，孟尝君借门客之力。作为诸侯，孟尝君虽然有一定的地位，但山外有山，人外有人，比如在秦昭王这位国君面前，身为诸侯的孟尝君就不得不委屈自己了。被对方罢官倒无所谓，回自己的封地就可以了。问题是还被软禁，此时要脱困就要借力。平时供养的门客此时就成为他借力的对象，于是他借这些力"打"了宠妃、守关士兵，而宠妃、守关士兵又为他大开方便之门，最终让他成功脱身。

在这一过程中，最妙的是孟尝君还借了秦昭王的力，这种借是曲折的借。当初宠妃要的狐白裘是从秦昭王手里偷来的，这是秦昭王被动借力；而宠妃劝说秦昭王成功，秦昭王主动放孟尝君走，这是主动借力。这样的借力可真是精妙至极，令人感叹。

孟尝君的故事提示我们，要成功地实现借力打力，就要在平时多多积累好人缘，与人相处做到求同存异，不戴有色眼镜看人，对人平等相待，宽和以待，还要练就自己的容人之量，如此方能在需要借力打力时借到"力"，利用别人的长处来弥补自身的不足，以更快更好地实现自己的目标。

第六章

攻心之机

　　西班牙文学家塞万提斯在其著名小说《堂吉诃德》中引用了一句西班牙谚语："乘着顺风，就该扯篷。"这句话所蕴含的深意，不仅是关于抓住机遇的重要性，更是关于如何在生活中以最佳方式行动的思考。正如风帆需要顺风而行，我们在追求目标、实现愿望的过程中也需要顺势而为，抓住机会。然而，这并非简单地等待风向，而是需要我们对周围环境的敏锐感知，对时机的准确评估。攻心之机，正是建立在揣摩和切合时宜的基础上。只有在恰当的时刻采取灵活多变的攻心之计，才能更有效地影响他人、改变局势，实现自己的目标。

揣切时宜，以求其变

一、深思

【原典】

言必时有谋虑。

【简译】

在表达观点或进行沟通时一定要找准时机，以避免可能产生的各种后果和影响。

【评议】

这句话出自《鬼谷子·揣篇》，强调了与人沟通要在对人心的洞察基础上，重视沟通的时机，除了可以避免时机不当引发的不良后果之外，还能提升沟通的效果，促成攻心目标的达成。

人际交往中的攻心之机，是指那些能够有效获取他人理解、信任和支持的时间和机会。要把握好这个时间和机会，就需要在认真观察的基础上深思，这是发现时机和抓住机会的必要前提。此时的深思，可以让我们结合观察，洞察对方的内心需求和情感状态，并在此基础上确定攻心的节点，发现攻心的机会，制定出合适的沟通策略和行动方案，更好地规避时机不当可能导致的误解和偏差，获得对方的理解、信任和支持。

春秋时期，郑武公想要攻伐胡国，为了稳住胡国的军心，他将自己的女儿许配给了胡国君主。某天他问群臣：我想用兵，你们看攻打哪个国家好？有一个叫关其思的大夫说：可以攻打胡国。他详细分析了两国的强弱，甚至提出了攻打胡国的战术和策略。他自以为揣摩透了郑武公的想法，说完便自豪地等着郑武公的夸赞和奖赏。没想到郑武公勃然大怒，说：胡国是我的兄弟国家，你怎么能让我去攻打胡国呢？然后就下令把关其思推出去斩了。胡国国君听说了这件事，大受感动，放松了对郑国的防备。不久郑武公带兵偷袭了胡国，占领了它。

这个故事出自《韩非子》中的《郑武公伐胡》。关其思明明猜透了郑武公的想法，一语道破并大谈特谈，但这并没有换来赞赏，却招来了杀身之祸。可见，攻心的关键在于深思熟虑，精准把握攻心的时间和节点，这样才能达成攻心的目的。倘若缺乏深思，不但达不到预期效果，还可能适得其反，甚至像关其思一样危及自身。

辅佐周文王的姜子牙之所以能让自己获得文王的赏识，被文王尊为"太公望"，就是因为他在文王最需要的时机出现，说了文王最需要的话。在渭水边垂钓三年，自称"愿者上钩"的姜太公，之所以打动周文王，使之对他"太公望"，就在于抓住了最有利的时机——周文王求贤若渴之时；采用的策略就是投其所好——依据文王宽厚的品性，就钓鱼之理与其讨论获得天下人心的方法，通俗易懂的语言，切中周文王的心理，从而一举攻心，让自己成为文王的老师，得以一偿所愿。

姜子牙的事例告诉我们，攻心之前应怎样想、想什么。一是要思考对方的心理和所求，明确攻心对象的心理、所处的情境、当下的迫切希望，为攻心找准目标。二是思考攻心的意义，即针对对方所求进行的攻心行动，对于双方的意义，能达到怎样的效果。三是思考攻心的策略，即针对要实施攻心的对象的性格特点应该采取的攻心之策，是"将欲取之，必先予之"的"投其所好"，还是"敲山震虎"，借助于第三者提醒对方。四是思考攻心的时机，即在什么时间或地点攻心才能确保攻心之举的影响最大化，是对方高兴的时候，还是对方最困难的时候；是对方工作间隙的时候，还是对方休息的时候。经过了这样的深谋远虑，攻心行动才能在恰当的时间和地点展开，才能取得最大的效果，达成最终的目标。

总之，古今中外，凡善攻心者，无一不在行动前深谋远虑，也因此能将攻心之举的效果最大化。因此在人际交往中，要想获得人心，实施攻心之术，就需要进行深入的思考，以避免沟通无效和无意义的争端。

当然，思考沟通的言辞也是"攻心"前深思的重要内容。罗纳德·B. 阿德勒在《沟通的艺术》一书中指出，真正的沟通不仅是信息的传递，更是心灵的交流。因此在沟通前和沟通中，还要思考如何使自己的言辞更加准确、得体，以达到更好的交流效果。这种对言辞的深思熟虑，也是确保自己的言辞既有力量，又富有智慧，真正实现有效沟通，确保攻心获得成功的重要前提。

【事证】

诸葛亮深思熟虑巧攻心

诸葛亮，字孔明，号卧龙，三国时期蜀汉的政治家、军事家、文学家、书法家、发明家。他是中国历史上最为卓越和重要的战略家之一，他以其卓越的智谋和深远的眼光，赢得了后世的广泛赞誉和敬仰。

在《三国演义》中，赤壁之战前夕，周瑜设计陷害诸葛亮，要求他在十天内造出10万支箭。诸葛亮观测天象后淡定地表示"只需要三天"，并立下军令状。当天，他跟忠厚仁和的鲁肃借了20条船，每条船上扎了千余个青布裹身的草人。第三天凌晨，江面大雾弥漫，漆黑一片，他邀请鲁肃一起去取箭，便指挥船队起航向曹军水寨而去。诸葛亮利用大雾的掩护，将20条船一字排开，命令士兵擂鼓呐喊伪装成攻击的声势。曹军疑心是蜀军来袭，纷纷射箭，结果箭矢如雨点般落在草船上。就这样，诸葛亮巧妙地从曹军手里借来10万余支箭，不仅按时完成任务，挫败了周瑜的阴谋，也令其对自己的智谋深感佩服，支持孙刘联盟共同抗击曹操。

225年，蜀汉南方的首领孟获率领部族反叛。诸葛亮亲自率兵南征，决心平定叛乱。出征前，诸葛亮经过深思，决定采取攻心战术，他七次擒获孟获，又七次放他回去，最终使孟获打心底敬服，真心归顺蜀汉。孟获回去以后，还说服南方各部族全部投降，南中地区重归蜀汉控制。彻底平定叛乱后,诸葛亮一反两汉以来委派外来官员统治、遣兵屯守的惯例,采用"不留兵,不运粮",重用地方势力,保障他们的利益的政策,大量起用当地少数民族的上层人员,赢得当地人民的尊敬和信赖。

228年,诸葛亮错用马谡,导致街亭失守后,魏将司马懿率15万大军向诸葛亮所在的西城蜂拥而来。当时诸葛亮身边没有大将,只有一班文官和2000多名老弱残兵。众人听到魏军兵临城下都大惊失色。诸葛亮登城楼观望后,传令打开城门,并派十几名士兵扮成百姓模样去城门口洒水清扫道路,自己则在城楼上端坐弹琴。司马懿来到城下,城头没有一面旌旗和一个士兵,诸葛亮旁若无人地焚香弹琴,且琴声丝毫不乱,他成竹在胸的神态不禁令人怀疑其中有诈。司马懿深知诸葛亮一生谨慎,现在城门大开,相信里面一定埋伏着重兵等着他自投罗网呢。就这样,诸葛亮用有限兵力布置的空城计,吓得对方自行引兵退去。

【评注】

上述诸葛亮所做的几件事,极好地证明了"言必时有谋虑"的重要性。下面,我们细细分析在这几件事中,诸葛亮是如何深思,且其深思在其中所起的作用。

在草船借箭中,面对周瑜的陷害,诸葛亮不是轻率地回击,而是借此事使对方认识到二人是可以互相帮助的盟友,应该联手而不是内斗,如此才能确保孙刘两军在对曹作战中取得胜利。同时,他鉴于周瑜自负、气量狭小的性格特点，知道一旦自己将方法坦诚相告，必然会遭到一系列的阻力，于是确定了借力打力的策略——借曹军的箭压制周瑜的傲气。首先，他在接受任务时明确表示会尽力完成，让周瑜暂时享受为难他的痛快，放松对他的戒备心理，这样做既避免了直接冲突，也给了自己时间思考对策。其次，在预测到大雾天气后，他知道以周瑜的聪明，一定会想办法阻挠自己，于是不急于行动，而是沉着地等待时机。在执行计划时，他选定了为人忠厚且顾全大局的鲁肃，借来草船，请对方与自己一同向曹军巧妙"借箭"，不但完成了任务，化解了周瑜的难题，也间接地通过此事向吴王孙权表达自己对孙刘联盟的诚意。这一系列行动正显示了诸葛亮对此次攻心策略的深思熟虑。

在七擒孟获的过程中，诸葛亮更是展现了他"言必时有谋虑"的特质。在出兵平叛前，他深入调查，了解孟获在当地百姓心目中的影响力，也了解了此人的性格——头脑简单，冲动好斗，但又颇重义气，于是确定了攻心的策略——将欲取之，必先予之。他并非简单地使用武力碾压，而是运用谋略和耐心，七擒七放，且在每次擒获后都与之深入交谈，用智谋征服对方，用真诚打动对方，最终让孟获主动臣服。平定叛乱后，他又一改惯例，重用地方势力并起用地方官员，赢得民心，这一切基于他的智谋和胆识，以及对局势的深刻理解和对人性的洞察。

在空城计中，面对街亭失守的不利情况，诸葛亮不是急于追究责任，而是首先分析现状，包括己方的人心和兵力，确定了只可智退的唯一策略。他分析司马懿的性格——多疑，且内心里极度忌惮自己，定下了空城计。随后，他大开城门，安排假扮百姓的士兵打扫街道，自己则高坐城楼上焚香弹琴，营造出一种城内有埋伏，请君入瓮的架势。结果对方果真不战而退，而他用仅有的一点兵力在中间设伏，又让对方确信自己的判断，逃得更远，为军民的撤离留下时间。可以说，这一攻心之术的成功，得益于他在战前对敌我双方力量对比的思考，对敌方战将性格的思考，以及对要取得的目的清晰而冷静的认知。

诸葛亮的这些故事证明，深思熟虑和"言必时有谋虑"是攻心战术成功的关键。一个人无论是在人际复杂的职场中，还是关系错综的大家庭生活中，倘若均能在深思熟虑的基础上攻心，那么就可以建立良好的人际关系，为自己的人生加点"糖"。

二、顺情

得其情，乃制其术。

顺应对方的情感和心理，了解对方的想法和感受，才能有效地掌握对方的心理和行为，制定相应的策略和措施。

这句话出自《鬼谷子·内揵》，意在强调在了解对方的基础上采取行动的重要性。具体到攻心之术的运用上，它指出要在深入了解对方的情绪情感、心理状态后，顺情采取确定相应的攻心之策，找准攻心时机实施攻心之举，可以促成良好的关系的形成。

三国时期，曹操为了扩大自己的势力范围，决定收编青州兵。然而，青州士兵因为曾经遭受过歧视，对曹操心生疑虑，并不愿意归顺。为了消除士兵们的顾虑，曹操采取了攻心之计。他亲自上山祭拜天地，并发表了一番慷慨激昂的演讲，表达了自己为了天下苍生、为了民族大义而奋斗的决心。他承诺会善待青州兵，并给予他们平等的待遇和机会。曹操的真诚和决心最终打动了士兵们，使他们愿意归顺并为他效力。

在这一事件中，曹操就是在了解了青州士兵的情感和需求后，顺应他们的情感需求采用了相应的攻心之术，由此成功地赢得了他们的信任和支持，实现了自己的攻心目标。可见，攻心之术的实施过程中，顺情有多么重要。

实际上，顺情就是顺应情感需求。攻心之机要选择恰当，就要洞察对方的情感需求，依据对方所求，投其所好地展开攻心行动，促成攻心的成功。

著名的脱口秀主持人和访谈专家奥普拉·温弗瑞，在对各种嘉宾进行访谈时总能用温暖的目光注视着对方，满怀同理心地倾听对方的故事，因而得以深入了解他们的内心世界，找准提问的关键点，适时提问和引导，让嘉宾敞开心扉，分享自己真实的情感和经历，使她的访谈节目成了许多人获得心灵慰藉、得到人生启迪的平台。

奥普拉·温弗瑞这种深入人心的沟通方式，之所以能赢得嘉宾的信任和尊重，让观众感受到了她的真诚和专业，就在于她的攻心之举是在深入了解对方的情感需求后发出的，因此能触动对方的心灵，使之主动敞开心扉，在分享中疗愈自己，也疗愈和激励他人。

具体到实际的人际交往中，如何借助于顺情，把握攻心的恰当时机呢？那就要学会在细微之处洞察人心。

一是要了解对方内心的期待和渴望，找到最能够打动对方的情感纽带；二是要关注对方的情绪变化，尤其是要敏锐地捕捉对方情绪上的微妙变化，如此才能因势利导，顺水推舟，让事情朝着自己希望的方向发展；三是要关注对方的情感障碍，了解其可能存在的心理障碍和困惑，如此才能选择用恰当的方式帮助其解开内心的纠葛，实现真正的情感交流。

总之，借助于以上顺情之策，让自己得心应手地掌握人心，才能确保双方沟通的顺畅，让关系更加和谐，让攻心目标更加容易实现。

需要注意的是，顺情不是虚情假意，而是真正的理解和共鸣，是能在理解和感受对方的情绪情感的基础上的共情，因此要利用顺情之策抓住攻心之机，还要对他人真诚相待，学会换位思考，如此方能与其建立真诚、深入的情感联系，才能深入了解对方的内心需求和情感状态，最终采用恰当的策略打动对方的心，使双方建立起和谐、美好的关系。

【事例】

亚历山大大帝顺情攻心

亚历山大大帝之所以能成为古希腊历史上杰出的军事统帅和征服者，在很大程度上是因为他采用的顺情攻心之术。

前331年，亚历山大大帝在高加米拉战役中与庞大的波斯军队在阵前相遇。在战前，他并没有采用传统的恐吓和威胁手段来动摇敌军的士气，而是采取了尊重和怀柔的策略。他派出使者向波斯国王大流士三世传达和平的信息，并表达了对波斯文化和传统的尊重。这一举动让波斯士兵对亚历山大大帝产生了敬意和好感，许多士兵甚至在战斗中倒戈相向，最终亚历山大大帝以少胜多，取得了高加米拉战役的胜利。

在征服希腊的过程中，亚历山大大帝遇到了来自希腊城市的强烈抵抗。为了化解敌意，他亲自前往这些城市，与当地居民进行面对面的交流。他倾听他们的诉求和担忧，理解他们的文化和传统，并通过协商和妥协达成了和解。这一举措让希腊人民对亚历山大大帝产生了信任和好感，也使他的征服之路变得更加顺利。

在征服东方的过程中，亚历山大大帝与许多东方君主建立了友好的关系。他尊重他们的文化和传统，包容他们的差异和习俗。他甚至在巴比伦建立了一座综合希腊文化和东方文化的城市，以彰显他的包容和开放。这一举措让东方人民对亚历山大大帝产生了尊重和敬仰，也使他的征服之路变得更加宽广。

【评注】

上述亚历山大大帝所做的几件事，极好地证明了实施顺情之策可以促成攻心时机的到来。下面，我们细细分析在几件事的实施过程中亚历山大大帝是如何采用顺情之策抓住攻心之机的。

在高加米拉之战中，面对着庞大的波斯帝国军队，亚历山大大帝深知这不仅是一场硬碰硬的战争，更是一场智慧和策略的较量，因此武力和恐吓会使波斯士兵更加团结和抵抗。因此，他派出使者向波斯国王大流士三世传递和平的意愿，并表达了对波斯文化和传统的深深敬意。当然，他的这种敬意不是说说而已，而是真实地体现在了他的行动上。他允许波斯士兵保持自己的信仰和习俗，甚至在战争中也尽量保护他们的生命和财产。这种顺应士兵的情感的做法，让波斯士兵看到了他的诚意和尊重，也为他赢得了战争的最后胜利。尤其是很多士兵在战斗中倒戈相向，不仅是人心向背的力量，更是亚历山大大帝顺情之策产生的极大的人格魅力。所以最终他不仅赢得了战役的胜利，更赢得了波斯人民的心。这种胜利不仅具有军事意义，更具有文化和政治意义。

在亚历山大大帝征服希腊的征途上，希腊各城市纷纷举起了反抗的旗帜。面对这股强烈的抵抗浪潮，这位伟大的征服者并未采用暴力镇压的方式去应对，而是给予了尊重和理解。他亲自走入这些城市的街巷，与希腊居民们进行了深入的交流。这种交流并非仅仅是单方面的布道或训诫，而是真正意义上的双向对话。他倾听他们的声音，理解他们的诉求，使得他的征服之路不再是一条军事胜利的道路，更是一条心灵沟通的桥梁。通过倾听，亚历山大大帝了解了希腊人民的诉求和担忧，知道他们害怕被征服后失去自己的文化和传统，害怕成为异族统治下的二等公民，也找到了解决问题的办法。他承诺保护希腊人民的文化和传统，允许他们保留自己的政治和社会制度。这种承诺顺应了希腊人民的情感，让他们感受到了被尊重，因此他们不仅打消了顾虑，而且给予亚历山大大帝信任和支持。

在向东方的进军中，亚历山大大帝同样未采取征服者的强硬姿态，而是选择了与东方君主建立友好的桥梁。他深知，在陌生的土地上要获得一席之地和赢得人心，关键在于对当地文化和传统的尊重。这种尊重并非仅停留在口头的赞美，而是付诸实实在在的行动之中。于是他给予了东方君主自治的权力，允许他们保持原有的政权和社会架构，甚至在文化上也展现出了融合希腊与东方元素的巧妙手法，催生了一种新颖且包容的文化形态。这种尊重和包容的态度让东方人民对亚历山大大帝产生了尊重和敬仰。这种顺情之举，让当地人民不仅将他视为一位伟大的征服者，更将他视为一位开明的统治者，对他表达着真诚的尊重和由衷的敬仰，为他在东方的统治奠定了坚实的基础，更为东西方文化的交流和融合开辟了新的道路。

综上所述，亚历山大大帝在征服过程中不断运用顺情之策为自己创造攻心之机，无论是尊重、怀柔、倾听、理解和包容等攻心手段的运用，都展示了他过人的智慧，使他赢得了人心，获得了他人的敬仰和信任，实现了自己的征服目标。他借助顺情之策创造攻心之机的做法，提示我们真正高明的攻心者，善于体察人情，了解人心，在满足对方的情感需求的同时，也实现自己的攻心目标。而其中需要具备足够的智慧和勇气，以及对人情世故的深刻洞察和攻心之术的灵活运用。

三、酌机

时然后言，人不厌其言；乐然后笑，人不厌其笑；义然后取，人不厌其取。

【简译】

到该说时才说，别人才不厌恶他说话；该快乐时才笑，别人才不厌恶他笑；财利合于礼要求时才拿，别人不厌恶他拿。

【评议】

这句话出自《论语·宪问》，为我们提供了人际相处中理性的行为模式，意在提醒我们，在人际交往中无论何时何地唯有保持清醒的头脑，进行理性的思考，全面分析问题或情境，明确利弊和风险才能做出明智的决策。从攻心之术的运用上，它强调要选择恰当的攻心之机，就要冷静思考，分析得失和利弊。

唐朝著名的谏臣魏徵，以直言敢谏而闻名于世。唐太宗李世民在位期间，魏徵多次上疏，分析国家得失，提出改进建议。一次，唐太宗想去泰山封禅，以彰显自己的功绩。魏徵认为此时国家尚未安定，民生困苦，不宜大兴土木，劳民伤财。为此，他不是在朝廷上慷慨陈词，而是私下里与唐太宗进行深入的交流，详细分析了封禅的利弊，最终使唐太宗放弃了这一计划。

魏徵在实施攻心之举前，不是贸然行动，而是分析攻心之举的时机后选择了私下交谈的方式，这样的方式表达了对唐太宗的尊重，维护了君王的脸面，对方自然乐于接受，最终取消了行动。反之，魏徵倘若在朝堂上当着众臣的面直指唐太宗此行的不妥，或许也可以达到攻心的目标，但唐太宗心里必定极其不舒服，甚至伤害了君臣的情感。

选择恰当的攻心时机，体现了攻心者的智慧，是一种明智之举，因为在对机会进行分析、比较的过程中，攻心者可以明确不同时机实施攻心的得与失、利与弊，从而找准了最佳攻心之机，让攻心效果最大化。

战国中期，想扩张领土的秦惠王，看到韩、魏两国交战一年多还分不出胜负，特别想借机出兵夺取他们的领土。不过，为了稳妥起见，他还是在朝堂上将"是否马上出兵调解韩魏两国之战"这个问题抛给群臣，让大家讨论讨论。众臣观点不一，有认为应该马上出兵的，有认为不应该的。手下重臣陈轸看到秦惠王一副跃跃欲试、恨不得马上出兵的样子，就给秦惠王讲了一个故事：春秋时鲁国的卞庄子，武艺高强。一次，他听说有两只老虎常常祸害百姓，便想为民除害。他找到老虎时，看到两只老虎正在抢食一头刚刚捕杀的耕牛。他没有立刻冲出去，而是耐心等待。等到其中一只老虎被咬破喉咙而死，另一只老虎也遍体鳞伤，卞庄子才开始行动，一剑刺中伤虎要害。就这样，他轻轻松松地就将两只老虎解决了。讲完故事，陈轸才又说，如今韩、魏两国就像两只相斗的老虎，不妨等两败俱伤时再出兵讨伐，到时不用太多兵力就可以重创两国，可谓一举两得。听完故事，秦惠王终于打消了马上出兵的念头。等到后来韩魏两国无力再斗时，秦国才趁机出兵，果然没费多少力气就夺取了两国的多座城池。

陈轸面对秦惠王急于出兵的想法，不是劝他等待，而是抓住对方急于扩张领土的心理，通过一个通俗易懂的故事，不但形象地说明了坐山观虎斗后再出兵更有利，而且提醒对方出兵时机对于成果的影响，从而巧妙地说服了对方。

择机进言，对于攻心之术的成功是如此重要，那么如何选择最佳时机，以合适的方式，传达自己的观点和意见呢？一般来说，提出反对意见、指出错误，可以选择对方心境愉悦或有喜事发生时表达；请求对方给予帮助或支持，可以选择对方情绪高涨或闲暇的时候，或者对方对我们有所求的时候表达；认错或解释的话，可以选择对方产生主动求和的欲望或对方处于情绪低潮，需要他人的安慰时表达。

当然了，要抓住攻心时机，需要审时度势、权衡利弊后灵活分析，进而选择恰当的时机攻心，如此才能事半功倍，而不能墨守成规，僵化教条，那样必然让攻心过程如逆水行舟，让攻心效果事倍功半，甚至适得其反。可见，明得失，择机进言是智慧的体现，也是攻心之术的艺术，需要我们保持清醒的头脑和敏锐的洞察力，在洞察世事的变迁，明了得失关系后，选择合适的时机采取行动或提出建议。

【事例】

赵襄子明得失，攻心转胜

春秋末期，一向称霸中原的晋国内部发生巨变，国君的权力渐渐衰落，晋国的朝政被智氏、魏氏、韩氏和赵氏四大家族把持。其中智氏家族势力最强。

智伯瑶主持朝政后，处事强硬。他自恃兵强马壮，意图吞并其他三家。为此，他以重振晋国和筹措军费为名，要求每家献出一座城池。魏、韩、赵三家虽然明白智伯瑶此举的目的，可因为各怀心思，所以不能齐心应对。最终，实力最弱的韩康子忍气吞声献出一座万户城池，魏桓子也痛痛快快地献出一座城池。但是赵襄子却以土地是祖辈留下来的产业，不能随便割让给他人为由，拒绝了智伯瑶的要求。赵襄子明白，如果自己也像韩康子和魏桓子一样迫于压力退让，不但会削弱自己实力，还会变相地帮助智伯瑶增强势力，如此一来，三家就再也没有翻身之日了。果然，赵襄子的拒绝引来了智伯瑶的报复。他迫使韩、魏两家和他一起发兵攻打赵襄子。韩康子和魏桓子虽然心不甘情不愿，但人在矮墙下，不得不低头。但出于同病相怜的心理，在出发前，他们还是和赵襄子通了气。

前455年，智伯瑶带着包括韩、魏两家在内的联军，气势汹汹地向赵氏杀来。自知寡不敌众的赵襄子几经考虑下决定将兵力集中起来，退守晋阳（今山西太原市）。赵襄子之所以选择晋阳，主要是因为这里不但城高池深、粮草充足，而且人心最可依赖！当初，赵襄子之父赵简子在世时，曾命尹铎轻徭薄赋治理晋阳，晋阳百姓对赵氏心怀感激，特别忠诚。退守晋阳后，为了鼓舞士气，赵襄子给手下人分析了当前的形势：智氏盛气凌人，无理索要城池，韩氏和魏氏不会死心塌地地一直追随他。己方虽然弱小，但只要能坚持下去，一旦韩、魏两家态度有变，智伯瑶将会独木难支，那时就可以打败他。

就这样，尽管智伯瑶率领的联军把晋阳城围得水泄不通，但城中的赵氏军民同仇敌忾，坚守不出，三家联军围困了晋阳两年也未能攻破。后来，智伯瑶干脆让人引晋水灌城，结果这个计策依然没能让城内的百姓放弃守城，反而让看到这种情况的韩康子和魏桓子心生忧虑。因为如果任由水势上涨，晋阳的大水就会冲向下游，危及他们的封地和百姓。

此时，赵襄子看到晋阳城内越发的情况越来越危急，于是决定反击。他先是召集家臣讨论具体的行动方案。辅臣张孟认为赵亡则韩、魏也难自保，韩康子和魏桓子都明白唇亡齿寒的道理，只是迫于智伯瑶的淫威才不得不从。现在是决战的关键时刻，也是他们最犹疑不定的时候，更是联络他们共同对抗伯瑶的最佳时机。

当夜，受赵襄子所派的张孟就秘密面见游说韩康子和魏桓子，向他们说明赵氏生死与韩、魏两家存亡的利害关系。张孟的话正好说中了韩康子和魏桓子最担忧之处。他们也清楚，一旦赵襄子被消灭，下一个被消灭的就是他们自己。反复思量，左右权衡后，两人决定倒戈，与张孟约定一起反击智伯瑶。

前453年的一天夜里，赵襄子掘开围城的水坝，大水倒灌智氏军营。赵军从正面发动袭击，韩、魏两军从侧翼进攻，智伯瑶全军覆没，智氏家族灭亡，三家尽分其封地。

【评注】

上面的故事出自《资治通鉴》，故事中的赵襄子能成功扭转战局，关键就在于他具备明得失，择机进言的攻心智慧。下面，我们就来分析一下，赵襄子如何准确判断形势和人心的变化，在权衡得失后选择恰当的时机、运用最佳的攻心策略影响他人，创造有利于自己的局面，帮助自己达成目标的。

面对智伯瑶索要城池的无理要求，赵襄子清楚地知道，依据形势和双方的力量对比，献出城池只能保一时的平安，最终难逃被智氏吞并的命运。拒绝献城，虽然可能引来杀身之祸，但如果能抵挡住智氏因此发起的进攻，就能以事实说服韩康子和魏桓子，得到彻底翻身的机会。最后，几番权衡之后，赵襄子断然拒绝了智伯瑶的要求。这一拒，不但体现他明得失之智，同时也体现了他对人心的把握，为后来缓和与韩氏和魏氏的关系，策反他们做好铺垫。

在三家联军大兵压境时，赵襄子选择了团结一心的晋阳作为大本营。他知道城高池深很重要，但更重要的是人心。从他父亲赵简子开始，父子二人对晋阳轻徭薄赋的政策深得民心，他深知这是自己抵抗三家联军的最大资本，也是拒绝智伯瑶割地要求的底气所在。他不仅用体恤百姓的政策攻克民心，还告诉手下的将士，韩氏、魏氏与智氏之间存在不可调和的利益矛盾，因此他们不会誓死追随智氏，一旦他们之间的矛盾爆发，就是晋阳守军反攻解围的时候。此举坚定了军民的守城信心。上述两种方式，体现他对百姓和守城将士攻心之成功，从此晋阳军民同心协力，坚守了两年之久。

智伯瑶引晋水围灌晋阳城，水漫围城，本就艰难的晋阳百姓陷入更深的苦难，他们对智伯瑶的刻骨仇恨更深一层，军民抵抗敌军进攻的决心空前高涨。赵襄子就在此时提出了反攻之策，并派能言善辩的张孟秘密出城，向韩康子和魏桓子陈明利害，说服他们与赵氏联手歼灭智伯瑶，以雪多年受其压迫之耻。可以说，张孟能凭一张三寸不烂之舌，成功攻懈韩康子和魏桓子的心理防线，说服韩、魏两家阵前倒戈，与赵襄子联手反攻，离不开赵襄子明知失、善择机的攻心之智。虽然赵襄子没有看到韩康子和魏桓子本人，但他们对智伯瑶又怕又恨的心理和对各自安危的隐忧尽在他的预料之中，于是在对的时间派出对的人，达到了说服他们，联手对抗智伯瑶的目的。

总之，赵襄子联合韩氏和魏氏消灭智氏的故事提示我们，只要审明利害得失，洞察人心的变化，找到恰当的机会展开攻心之术，就能达成攻心目标，甚至创造扭转不利局面下的胜利的奇迹。在现实的人际交往中，面对各种复杂的人际关系难题，我们要学着像赵襄子一样充分发挥自己的智慧，依据自身的实际和条件，分析他人的状况，准确判断形势和人心变化，在辨明得失利弊的前提下找到合适的时机实施攻心行动，促成融洽的人际关系的形成，为自己创造有利的时机。

四、应时

【原典】

　　方来应时，以合其谋。

【简译】

　　在适当的时候出现或参与，以符合或配合某个计划或策略。

【评议】

　　这句话出自《鬼谷子·内揵》，传达了一种顺应时机、恰到好处地参与或行动的智慧。它提示我们，在人际相处过程中，我们要培养自己有敏锐的观察力和判断力，以便准确地捕捉到合适的时机，果断行动，赢得人心，实现自己的某个目标或计划。

　　前259年，秦军围困赵国的都城邯郸，赵王派平原君向楚国求救。平原君想在门客中挑选20名文武兼备的人同行，可是选来选去还差一人。这时，毛遂主动站了出来，表示愿意跟随公子走一趟。平原君因为毛遂在自己的门下三年了却一直没有显露本事，也没听别人夸赞过他，所以并不看好他。毛遂也不生气，而是心平气和地说自己之所以没能显示本领，是因为平原君没给他机会。最终，为了凑齐人数，平原君就带上毛遂，率领众人匆匆出发。到达楚国后，双方谈了很久，楚王始终不表态。就在平原君一筹莫展之际，毛遂站出来，指责楚王无决断。楚王很生气，斥责他无礼。毛遂毫无惧色，指出楚王当着平原君的面斥责其门客才是真正的无礼，又大谈楚国空有强兵却被秦将白起凭着几万兵就攻下鄢、郢，烧了夷陵，让楚王的先人蒙羞。最后还说，这样的奇耻大辱就是赵国人都不能忍……随后毛遂慷慨陈词地分析了两国结盟对楚国的好处，最终说服楚王与平原君缔结盟约，和魏国合兵解了邯郸之围。

在这个故事中，毛遂能抓住人数不够之机得以进入使团，并在楚王犹豫不决、平原君无可奈何之时挺身而出。整个过程中，他能顺应外在形势的变化，适时表现自己，助平原君达成目标，也让自己天下闻名。可见，善于攻心者能应时而动，在关键时刻采取行动。

首先，要观察并理解时势，了解当前的形势和趋势。要应时而动，找到攻心之机就要清楚，所谓应时而动是在明确的目标和策略之下展开的行动，这样的行动才能确保每一步都走在正确的道路上。其次，要注重个人行为与环境的和谐配合。个人要将自身有限的力量加以发挥，就要学会借力，其中与环境融合是最好的借力方式，也是最能发挥效能的方式。在这一过程上，可以借助外界人的力量，与他人合作，共同推动事情的发展；也可以借助外界事物的力量，让事物为我所用。最后，要懂得把握时机。时机是行动的关键，错过了时机，再好的计划也难以实施。因此要始终保持敏锐的观察力和判断力，一旦发现时机成熟就毫不犹豫地采取行动。如此一来，和谐配合的态度加上果断的决策和行动力，就可以使应时的攻心行动达到事半功倍的效果，赢得他人的信任和尊重，实现目标。

总之，在人际交往过程中，唯有顺应形势，捕捉时机、精准地判断形势、果断地采取行动，巧妙地实施攻心之举，才能在人生的舞台上大放异彩，成就非凡的事业。

【事例】

叔孙通的应时智慧

秦末大儒叔孙通是鲁桓公的后代，孔子八世孙孔鲋的学生，因为精通儒术，出仕秦朝后被授待诏博士之职。秦二世元年（前209）秋，陈胜、吴广在大泽乡起义，孙叔通就逃离秦都咸阳，辗转投靠了刘邦。

刚到汉营时，儒生出身的叔孙通仍旧喜欢身着儒生的长衫。后来他观察发现刘邦并不喜欢身着长衫的读书人，于是就改穿行动便利的短行装。听闻孙叔通投奔刘邦后得到了重用，他的很多弟子纷纷追随他而来，希望经由他被刘邦任用。结果孙叔通没有将这些弟子推荐给刘邦，反而向刘邦推荐了很多好勇斗狠的勇士，这让追随他而来的弟子们心生不满，背地里骂他，说他专门推荐那些为恶乡里、偷盗抢劫的坏人，却无视跟随他多年的儒生弟子，简直岂有此理。叔孙通听说后，就对儒生们说，汉王现在争夺天下，正需要冲锋陷阵、斩将杀敌的勇士。而身为儒生的众人不能替汉王征战沙场，所以要耐心等待，到了他们可以施展才华的时机，自己一定会将他们推荐给刘邦。

不久，叔孙通就被刘邦任命为博士，赐他稷嗣君的称号。前202年，刘邦统一天下后，废除了秦朝烦琐严苛的礼法，但是朝堂上还保留着原来起兵征战时的简单规矩。然而，统兵打仗时，规矩越简单越好，到了要治理国家时，简单的规矩就因为过于简单粗暴而不适用。当时，每逢朝廷宴会，大臣们或酗酒争功，狂呼乱叫；或竞相比功，争到激动处剑拔弩张，真是丑态频出。身为皇帝的刘邦虽然觉得这样很无礼，但除了蹙眉摇头，毫无办法。将这一切看在眼里的叔孙通，就借机对刘邦说，夺取天下时需要勇士，现在您已经夺得了天下，相比能上阵杀敌的武将，更需要可以帮您安守天下的儒生。接着，他就向刘邦推荐了一批鲁地的儒生，并说这些人和他的弟子可以帮助刘邦制定朝廷礼仪。刘邦一听，正中下怀，欣然同意。于是叔孙通就参照古代礼法，又吸收了一部分秦朝的礼仪，制定了一套符合现实情况的朝仪制度。

随后，他就去鲁地找了三十多个儒生，把他们和刘邦身边有学问的侍从、自己的弟子共计一百多人带到城外，拉草绳，立草人，排定尊卑次序，秘密训练。一个多月后，叔孙通请刘邦前来视察，刘邦看后很高兴，接着命令君臣都来学习。

汉高祖七年（前200），长乐宫建成，各地诸侯和在朝的大臣来参加朝会大典。大典仪式非常隆重，刘邦看着金殿台阶上尊卑有序站立的几百人诚惶诚恐，毕恭毕敬对着自己叩拜行礼，大悦，当即提升叔孙通为太常，赏赐黄金五百斤。叔孙通趁机进言，称制定礼仪不是他一个人的功劳，没有众位儒生的辅助是很难完成的，祈望陛下体谅他们的辛劳。于是刘邦又任命叔孙通的学生和征召来的儒生为郎官。大典结束出宫，叔孙通又把刘邦赏赐的黄金分赠给众位儒生，他们都高兴地说，叔孙先生真是圣人，善于顺应形势，把握时机。

汉高祖七年（前195），刘邦有意以赵王刘如意取代太子刘盈。叔孙通就对刘邦讲起了晋献公因宠爱骊姬而改立太子，终使晋国陷入混乱；秦始皇没有及时立扶苏为太子，使赵高有机会伪造遗诏立了胡亥，导致社稷覆亡。接着，他指出，如今太子忠厚尽人皆知，况且吕后与陛下同甘共苦创立大汉，这么做的话，想必您也不忍心呀！看到刘邦有所心动，他又抓住时机表达忠心，称皇帝若坚持废长立幼，他就以死相报。刘邦深受感动，同时也知道随意更换储君对社稷安危的影响，便放弃了念头。

前211年，孝惠帝（刘盈）即位。叔孙通陪侍惠帝出游，适逢樱桃成熟，就说古时候有奏给宗庙进献樱桃果的礼仪。惠帝便效仿行礼，从此之后祭献果品的仪式兴盛起来。后来，叔孙通又被惠帝重新任命为太常，承担起制定祭祀宗庙的仪法及其他方面的礼法的重任。

【评注】

上述叔孙通的故事改自《史记》。作为秦末汉初的大儒，叔孙通能因时而变，为大义而不拘小节，被司马迁称为"汉家儒宗"。在他的身上，充分体现了因应时势、人情等因素而灵活改变的应时智慧。

叔孙通追随刘邦初期，向刘邦推荐的都是好勇斗狠之人，甚至有的人曾经做过为祸乡邻的恶事，有的人做过偷盗劫匪，在遵礼行法的儒生眼中，这些人都是"坏人"。然而，恰恰这些人才能在征战沙场、与敌厮杀时悍不畏死，才能真正帮助刘邦夺得天下，也是刘邦当下最需要的人才。尽管他的做法引起了跟随他多年的学生的不满，甚至在背后对他议论纷纷，但这一应时之举却得到了刘邦的欣赏和认可，并因此被任命他为博士。而他面对众人的不满和议论，不是置之不理，而是给予解释和安抚，让学生明白，是人才总有用武之地，当下要做的是耐心等待发挥才能的时机。这又体现了他的知人之智，为后面的人尽其材打下基础。

刘邦统一天下，登基称帝之后。国家由乱转治，战争时期的简单规矩不再适用，建国时的功臣和诸侯仍我行我素，仍与如今贵为皇帝的刘邦称兄道弟，不遵循朝堂礼仪，致使朝堂上一片混乱。看到皇帝为此愁闷却又无可奈何，叔孙通又顺应形势，适时提出建立礼仪制度。他不是将历史或前朝旧制拿来使用，而是综合时势和人情的变化，参考夏、商、周、秦四代的礼乐制定了符合现实情况的朝迁礼仪。这样的礼仪，让汉高祖刘邦在长乐宫举行的朝会大典上真正找到了贵为帝王的感觉，由此心情大悦，为其加官赏赐。此时的叔孙通并没有独占功劳，忘记自己的学生和为制定礼仪征召而来的儒生，而是趁机为他们争取到了任官出仕的机会，还把受赏的黄金分赠给他们，令这些人感激不尽。这体现了他的知人之智，善于攻心。

汉高祖要废刘盈的太子之位，叔孙通不是直接死劝或死谏，而是引用晋献公和秦始皇的先例说明废长立幼和不立太子的危害，并在最后表明自己以死捍卫皇帝尊严的态度，以理服人，以情动人，成功地说服汉高祖放弃了改立赵王刘如意的想法。这种做法符合太子的老师和皇帝的忠臣双重身份，体现了他审时度势，应时而言的知人、知事之智，以及高超的攻心之能。

孝惠帝时，叔孙通借陪侍春游之机，由路边的樱桃成熟适时提及古代祭献果品的仪式，不但获得皇帝赞许，而且得以重回旧职，做回自己的老本行——制定祭祀宗庙及其他方面的礼法。这样在不动声色之间达成自己的目的，让人不由得为他的知人、知事之智，高超的攻心之术赞叹。

综合来看，叔孙通的成功关键在于他能清楚什么时候做什么事，而且在什么时候而动，这是顺势而为的攻心之智。而这种攻心之智与其敏锐的观察力、分析和判断能力密不可分。因此，要成为人际相处中的攻心高手，就要培养自己敏锐的观察力和判断力，以便准确地捕捉到合适的时机果断行动，赢得人心，如此才能巧妙处理各种复杂的问题和挑战，实现自己的个人抱负，达成自己的人生目标。

第七章

攻心之要

　　清朝战略家、政治家、晚清"中兴四大名臣"之一的曾国藩曾说："天地之道，刚柔互用，不可偏废，太柔则靡，太刚则折。"此句道出了攻心之要，即不仅需要刚毅的决心和坚定的意志，更需要柔和的手段和圆融的态度。刚毅之心可以坚守初衷、坚定立场、明确目标、不屈不挠，柔软之心可以化解矛盾、善于变通、灵活应对、尊重他人，二者相辅相成，方能求同存异，以理解和包容他人的差异，促成以和为贵的良好人际关系的形成，建立共同理念和共赢的局面，让双方真正实现心灵沟通。

刚
柔
并
用
，
求
同
存
异

一、平衡

【原典】

投我以木瓜，报之以琼琚。

【简译】

给我一个木瓜，我会回报你一个美玉。

【评议】

这句话出自《诗经·国风·木瓜》，表面上指的是人际交往中借助物质互换表达情感，促成联系与来往，实际上强调人际交往的平衡，即当别人对我们付出时，无论是一个微笑、一句问候，还是一个实际的帮助，我们都应该心存感激，并以同样的方式回报他们。这样的互动才能使人际关系更加深厚，也才能使我们的内心更加宽广和充实。

攻心之要，在于平衡。攻心者需深知，真正的攻心不在于强势的压制，而在于微妙的平衡。为此，要成功地实施攻心之术，就要巧妙地抓住平衡这一关键点。

　　首先，平衡体现在理解与尊重上。攻心者需要深入理解对方的需求、期望和感受，尊重对方的个性和观点，这是建立信任的基础。就像投出去的木瓜，是对方的一种真诚和善意的表达。其次，平衡体现在回应与期待上。当对方以木瓜相投，攻心者应以琼琚回报，这是情感的回馈，也是期待的满足。回应不仅是对对方的一种认可，更是对情感交流的一种升华。最后，平衡体现在持久与适度上。攻心不是一次性的行为，而是需要长期的、适度的维护和经营。攻心者需要保持耐心和定力，不断调整策略，确保攻心的效果持久而稳定。

　　梅兰芳与齐白石，这两位艺术界的泰斗，虽然各自驰骋的领域不同，但彼此间的敬意却无比深厚。梅兰芳，京剧舞台上的璀璨明星，以他独特的嗓音、精湛的表演，征服了无数观众的心。而齐白石，画坛上的一代宗师，他的画作成熟老辣，充满生命力，深受人们的喜爱。尽管他们的艺术道路各异，但两人都看到了对方身上的闪光之处。梅兰芳曾虚心向齐白石请教绘画技巧，希望能从这位画坛巨匠那里汲取灵感。而齐白石也毫不吝啬地分享自己的经验，并向梅兰芳学习京剧表演艺术，希望从中感受那种独特的韵律和节奏。他们不仅在各自的领域取得了卓越的成就，更在相互的碰撞和交融中，为艺术界注入了新的活力和灵感。

　　梅、齐二人因为能互相分享各自在其领域中的所得，因此在相互促进中均获得成长。这说明了人际关系中能保持理解与尊重，就可以让双方在施与受的平等互助的关系中得到滋养，进而共同进步。

　　总之，人际相处中，只有保持平衡，才能赢得他人的信任和支持，实现长期的和谐与共赢。为此在日常生活中，我们要不断追求和实践平衡这一目标，并通过理解和应用这种平衡的智慧，更好地处理人际关系，推动个人事业的发展。

【事例】

刘邦智平内外势力

西汉的开国皇帝刘邦，正是因为擅长运用智谋，善于平衡各种势力，才能在王朝初期让朝臣的心理得到平衡，为汉朝的稳定创造条件，最终不但自己坐稳皇帝的宝座，还创下了汉初的盛世。

西汉建立初期，刘邦做的第一件事就是大肆分封功臣。前201年，刘邦进行了首次分封。这次分封共进行了两次，第一次被封赏的是曹参、夏侯婴、陈平等10人，第二次被封赏的是张良、萧何、樊哙、灌婴、周勃等13人。看到这23人被封赏后，其他臣子心理不平衡了，一面一个个跑到刘邦面前或明或暗地强调自己的功劳，一面公开讨论着如果得不到封赏怎么办。消息传入刘邦的耳朵，他特别震惊。于是他采纳张良的建议，将自己最恨的雍齿封为侯，功臣一见才心安，毕竟刘邦连自己最恨的人都封赏了，那么自己被封赏就是板上钉钉的事情了。后来，刘邦又先后进行了62次封赏，每次只封一两个人，等到他病逝前，他一共分封了大小143个侯爵。在分封的同时，他还许诺这些功臣"使河如带，泰山若厉，国以永宁，爰及苗裔"，意思就是他们的侯爵之位可以世袭罔替，一代一代地传下去。功臣们从此安心，开始积极配合他治国安邦。

匈奴是西汉王朝的重要威胁，经常侵犯边境，给汉朝带来很大的困扰。西汉建立初期，为了维护边境的安定和国家的安全，刘邦先是采用以暴制暴的方式，但结果并不理想，自己差一点在白登山（现在山西大同的马铺山）丧命。最后采纳了大臣刘敬的意见采用"和亲"策略。简单地说，就是给好色的匈奴单于送美女，顺便让美女带去重礼。就这样，宫女冒充的公主和赠送给匈奴的丝絮、缯帛及酒米等食物，让匈奴减少了入侵的频率，汉初的边境得以稍稍安定，汉匈关系有所缓解。

【评注】

上述事例出自《史记》，从这些事例中可以看到刘邦善于在人际关系中运用平衡之术，在复杂的局势中灵活实施攻心之术，进而对内消除隐患，对外化敌为友，为国家的稳定和发展创设了相对稳定的环境，让西汉朝廷获得了喘息之机。

对内，以封赏为饵，制衡各方关系，使朝臣继续为其所用。逐利是人的本性。臣子跟随刘邦东征西战打天下的目的，不外乎是高官厚禄、荣华富贵。一朝天下初定，这些人就如同一群恶狼盯着一块肉一样，围着刘邦，渴盼着他把肉分下来。而且肉的大小还得与其心理期望相符，否则一个不小心，他们就会反咬刘邦一口。正是因为深知人性，所以刘邦在封侯赏功的过程中牢牢抓住平衡这一攻心之要。一方面，他以功臣们的才能和贡献公平地分配了封赏和地位。这种分封的依据让每个人无话可说，毕竟自己有几斤几两，立了多少功是有目共睹的。于是这种公平公正的分封方式，不仅让每个人都感到满意，也在朝廷内部建立了一种平衡——用能力和功劳说话。另一方面，刘邦的分封不是一步到位，而是循序渐进的，他先分封了重要的23人，继而对于其他人则是用了62次才封完，这就如同在羊群前面挂着胡萝卜，给了臣子一个目标，为了达到这个目标，他们会兢兢业业地工作，尽其所能协助他完成治国的任务，毕竟天下安定，百废待兴。就这样，朝廷内部的各种势力得到相互制约、相互平衡，朝廷的稳定得到维护，国家的发展获得了保障。

对外，以利相诱，让付出与获得达到平衡。经过楚汉相争，虽然天下初定，但西汉王朝面对的却是一个千疮百孔的国家，人口急剧减少，经济一片凋敝，国库空虚，财政困难，社会物资极度匮乏，以至于"自天子不能具醇驷，而将相或乘牛车"。此时的西汉不需要更多的战争，而是需要更长时间的安定来发展经济。刘邦清楚这点，所以在白登山之围后，就采用了和亲政策。就这样，在和亲的过程中，匈奴单于开始逐渐了解了汉朝，改变了对汉朝的看法，为双方的和平共处奠定了基础。西汉边境地区得以获得暂时的安定。

刘邦的故事告诉我们，平衡是一种智慧，更是一种力量，如果在实施攻心之术中，能在深刻理解平衡的要义后，把握好人际相处的平衡之道，就可以在复杂的环境中游刃有余地应对各种挑战和危机。当然，要把握和运用好平衡之道，还要不断学习并提升自己的人际关系处理之术，在寻求双方的共同利益的过程中与之和谐共处，从而让自己找到最佳的生存之道、发展之途。

二、隐忍

【原典】

小不忍，则乱大谋。

【简译】

在面对挫折和困难时，要有所隐忍和忍耐。如果不能忍受一些小事情，就可能会破坏更大的计划或目标。

【评议】

这句话出自《论语·卫灵公》，全句是"巧言乱德，小不忍，则乱大谋"。这是孔子对于人生处世的智慧总结。它强调了耐心和长远眼光的重要性，教导我们在生活中遇到挫折和困难时，要学会隐藏和等待，不要因为一时的冲动或短视而破坏了更大的计划或目标。

隐忍是面对他人的咄咄相逼时学会退一步海阔天空，适时让步，不争一时的得失；隐忍是面对困难和挑战时能够保持冷静和理智，不被情绪左右，能控制和调整自己的情绪，让自己更好地思考问题，找到解决问题的最佳方案。

　　韩信在年轻时曾受到一个恶霸的侮辱，被要求从恶霸的胯下钻过去。这对一个年轻人来说是一种极大的侮辱，几乎无人能忍受。然而，韩信却出人意料地选择了隐忍。他没有冲动地跟恶霸动手，而是冷静地观察了一下四周，然后趴在地上，从恶霸的胯下钻了过去。这一幕让在场的人都震惊了，他们纷纷议论韩信的懦弱和无能。然而多年后，当韩信荣归故里时，所有的人又惊呆了。

　　这次隐忍，让韩信更清楚地看到已经低到尘埃中的自己，认识到不振作必死亡，因此努力奋斗，不断学习，提升自己的能力，最终破茧成蝶，改变自己的命运。试想，倘若当日韩信不能忍，争一时的胜负，轻则受到皮肉之苦，重则可能失去性命，历史的天空中就会不见他这颗星。

　　由此可见，隐忍是一种智慧，更是一种品质和精神。人际交往中要实施攻心之术，就要牢记隐忍这一关键，做到《易经》所说："觉人之诈，不愤于言；受人之侮，不动于色。"换言之，就是要在面对挑战和困难时保持冷静，忍耐住短期的痛苦和困难，努力积蓄力量，而不是图一时之快冲动做事。

　　当然，隐忍不是卑微，而是在攻心中步步为营，耐心地观察和分析，静待对方露出破绽，然后找准弱点，一举击破。

【事证】

朱元璋隐忍中巧妙运筹

　　明朝的开国皇帝朱元璋，一生充满了传奇色彩。他能从一个贫苦的放牛娃成为建立自己王朝的君主，与其深谙"小不忍，则乱大谋"的真谛，善于在隐忍中抓住机会逐步实现了自己的宏伟目标密切相关。

当初，朱元璋投奔郭子兴加入红巾军后，因为聪明才智得到了郭子兴的喜爱，被提拔为"九夫长"，到最后甚至成为郭子兴的女婿，成为郭子兴的得力助手。郭子兴的长子郭天叙嫉妒他，就经常在郭子兴面前说朱元璋的坏话，导致郭子兴一度要将他饿死，他最后不得不离开红巾军，另拉起一支队伍。后来，郭子兴被孙德崖排挤出红巾军，朱元璋不但收留了郭子兴，还将自己辛苦带起的军队的指挥权交给对方。郭子兴病逝后，郭天叙虽然被小明王韩林儿任命为都元帅，但由于军权却被左副元帅朱元璋掌握，郭天叙就联手身为右副元帅的妻弟张天佑暗地里耍手段。朱元璋对二人的手段了然于胸，但却装作不知情的样子。等郭天叙跟着他南渡长江，攻打江南地带时，元将陈野先被活捉后假意投降，朱元璋察觉对方的意图，就将计就计地安排降将率兵攻打集庆。郭天叙求功心切，抢着和张天佑一起，随陈野先攻打集庆，结果陈野先临阵反叛，郭天叙和张天佑战死。从此，朱元璋成为名副其实的统帅。

明朝建立初期，随朱元璋起兵的胡惟庸成为第一任宰相。凭着朱元璋对他的宠信，胡惟庸从开始的遇事小心谨慎，变得日益骄横跋扈，利用手中的权力谋私利，侵占田地、压榨百姓，欺上瞒下，结党营私，为所欲为，擅自决定官员人等的升降生死。比如他和太师李善长成为姻亲，二人更是相互勾结，形成了庞大的势力，对皇权构成了严重威胁。然而在胡惟庸任意妄为时，朱元璋没出面制止，而是采取了姑息纵容的态度，比如胡惟庸曾利诱大将军徐达的家人福寿，想让他诬告徐达，借此除掉徐达。徐达把他的恶行报告给了朱元璋，朱元璋只是安抚徐达不追究，连问也没问胡惟庸。洪武十二年（1379），胡惟庸因为定远老家的井中生出石笋，开始萌生了反叛之心。洪武十三年（1380）正月二日，因人举报谋反，胡惟庸被朱元璋下令诛杀。

　　蓝玉是常遇春的小舅子，此人骁勇善战，且具备过人的胆识和机智谋略。因为在率领15万大军在"捕鱼儿海之战"中大破北元，得到朱元璋的器重。然而随着得到的功劳越来越多，蓝玉开始居功自傲，不但强占元妃导致对方自尽，将攻破北元朝廷抢来的金银珠宝分给了自己的下属，而且在回师经过喜峰关时毁关破门攻入。这些过分的举止，朱元璋隐忍下来，只是将原本要封蓝玉的"梁国公"改为"凉国公"，以示警诫，同时还封他为太子太傅。然而蓝玉不思悔过，不但没感恩朱元璋的不杀之恩，反而变本加厉，甚至在群臣面前公开扬言自己的兵只有自己才能指挥得动。就在群臣又惊又怕之际，朱元璋却全当没听见，一笑而过。洪武二十五年（1392年），与蓝玉关系特别好的太子朱标去世后，朱允炆被立为皇太孙。朱元璋先是以胡惟庸案为切入点，接着以私通胡惟庸为名，将蓝玉的亲家靖宁侯叶昇处死，最后借蒋瓛状告蓝玉谋反将蓝玉剥皮填草。

【评注】

　　上面的这些故事展现了朱元璋的"隐忍"之道，看到了在追求目标的过程中，朱元璋是如何耐心和策略并重，在适当的时机选择隐忍，不急于求成，通过积累力量、观察时机、分化敌人等方式，逐步实现自己的目标。

初入红巾军，朱元璋深知自己是一个小人物，没能力，没影响力，就选择了隐忍的方式，在军中默默耕耘，哪怕遭到郭子兴的怀疑，差一点被饿死，因为郭天叙的嫉妒不得不离开红巾军，也隐忍下来，努力积蓄自己的力量。等郭子兴被排挤出红巾军后，他不但收留郭氏父子，还将自己的军队指挥权奉上，因为他清楚自己没有郭子兴有号召力，于是隐忍借力，借郭子兴之力扩大自己的力量。郭子兴死后，虽然实力远不如自己的郭天叙成了一把手，但为了名正言顺地除掉对方，他仍旧选择隐忍，纵容对方任性行事，最终借刀杀人，除掉了对方。

面对追随自己的功臣胡惟庸，朱元璋并不是对其没有感情，然而随着胡惟庸做出一系列损害社稷之举，那份感情也被磨光，最终将其作为一把刀，假借对方之手除掉居功自傲的臣子，比如他借胡惟庸之手夺去了徐达的兵权。在纵容胡惟庸的同时，他开始采取一系列的措施，比如派出亲信暗中调查，逐渐掌握了胡惟庸的贪腐和勾结外敌的证据。等掌握了足够的证据后，他又借其他臣子之手来检举胡惟庸，以此证明铲除胡惟庸集团是利国利民之举，堵下天下之口的同时，撤除丞相之职，稳固了皇权。

蓝玉，作为明朝初期的一位重要将领，手握重兵，威望极高。他的存在，一方面可以帮助朱氏王朝震慑外敌；另一方面蓝玉是太子朱标的心腹，为朱标着想，此人也杀不得，于是朱元璋就不断包容蓝玉，希望他在自己死后成为太子的辅佐重臣。然而，随着蓝玉的野心逐渐膨胀，对朱元璋越发不敬，加之朱标一死，蓝玉就成了威胁皇权的"定时炸弹"，最终朱元璋经过巧妙策划，成功地避免了不必要的冲突和损失后将其杀死，确保了朝堂的稳定与和平。

总之，正是借助于隐忍和精妙的策略，朱元璋不但在风起云涌的历史舞台上成长起来，而且准确地判断形势，灵活地应对各种复杂局面，以最小的代价取得最大的胜利，确保了大明王朝的稳定和发展。他的这种隐忍的智慧和策略，提示我们，面对工作和生活中的各种矛盾，不是逞匹夫之勇，动辄与人论短长，也不是喜怒形于色，将自己的心思暴露无遗，而是要在学会隐忍的同时观察、分析，寻找恰当的应对之策，在隐忍中磨练自己的耐心和毅力，积累经验和知识，提升自己的能力和素质，如此才能获得他人的认可，得到发展的机会，实现自己的目标。

三、缄默

无声胜有声。

【简译】

有时，沉默比言语更能传达深远的意义。

【评议】

这句话出自唐代诗人白居易的《琵琶行》，意味着在某些情况下，保持沉默比发表言论更能表达出深刻的思想和情感。这也是人际相处中的一种智慧和沟通技巧。

古今中外，凡擅长攻心者，无一不珍视缄默的力量。因为他们知道，通过保持沉默可以传递很多的信息，表达更多的情感，给人留下更多的思考空间；借助于缄默可以让自己在言语的喧嚣中保持冷静与定力的智慧，进而在深思熟虑后做出最有利的选择。因此，缄默是"此时无声胜有声"的处世哲学和人际相处的艺术。

印度国父莫罕达斯·甘地坚信通过和平、非暴力的方式可以赢得人心和改变社会，在多次抗议活动中选择了缄默和静坐的方式，以此来表达他对社会不公和压迫的不满。这种无声胜有声的抗议方式最终达到了攻心的目的——促使英国政府和社会各界对他的诉求给予重视和回应。

运用缄默，可以更好地观察、洞察他人的内心活动，感受到对方的需求与期待，从而确保在与对方沟通中让其在无形中接受自己的观点或建议，也可以等到最合适的时机表达自己的观点和看法，从而使之产生最大的影响力。

古希腊著名演说家伊索克拉底相信，沉默在辩论中同样具有力量。他常常在演讲中留下一些悬而未决的问题，让听众自己去思考和解答。这种沉默的辩论方式不仅增加了演讲的深度和吸引力，还激发了听众的思考能力和参与感。伊索克拉底的沉默辩论使他成了古希腊演讲艺术的代表人物之一。

缄默作为一种无声的力量，能够超越言语的局限，传递情感。在实际的人际交往中，要让攻心之术得以成功，就要学会适时缄默。

一是在对方抱怨人事不公时。此时的缄默是表达自己的立场和态度，让对方感觉和他们是一个阵营的，从而让对方从自己的缄默中获得心理支持。反之，过多的安慰和排解，不但空洞无力，反而会让对方感到被排斥，造成感情的疏离。

二是在对方沮丧、愤怒或生气时。一个人处于沮丧、愤怒和生气状态时，看问题会片面，会进入非黑即白的二元世界。此时无论如何开解对方，都极易让对方产生"站着说话不腰疼"之感，甚至会成为对方情绪的投射点，遭到对方的攻击。适时缄默，不但以接纳的态度让对方感到安全，可以任意宣泄情绪，而且避免被攻击，导致关系的破裂。

三是在对方肯定和表达自己时。当自己受到他人的肯定或赞许时，适时缄默远比"哪里哪里"的谦虚或"多谢表扬"之类的话语更利于维护人际关系。前者会让他人产生虚伪之感，后者让他人产生清高骄傲之感，都不利于人际关系的维护。

总之，在攻心的过程中，适时缄默不仅是一种人生智慧，更是一种艺术和修养，让他人更多地感受到我们内在的涵养和人格魅力，达到无声胜有声的作用的同时，也增加了自己的吸引力，让自己以善解人意、谦逊得体的表现获得更多欣赏和关注。

【事证】
孙武化缄默为力量

孙武是春秋末期著名的军事家、政治家，被尊为"百世兵家之师""东方兵学的鼻祖"。他的人际相处中擅长利用缄默维护人际关系，达到攻心效果。

孙武在吴国担任将军时，吴王阖闾为了测试他的军事才能，要求他训练后宫的妃子。孙武接受了这个看似荒谬的任务，但他并没有立刻开始训练，而是静静地站在一旁观察。宫妃们起初对这位新来的将军并不在意，嘻嘻哈哈地聚在一起聊天。孙武没有发火，也没有大声斥责，只是静静地站在一旁，目光如炬地观察着。宫妃们逐渐察觉到他的存在，开始收敛起笑容。孙武仍然没有说话，只是用眼神示意她们排好队伍。宫妃们开始意识到这位将军的不同寻常，她们逐渐安静下来，按照孙武的指示排好了队伍。

一次，吴王阖闾向孙武请教兵法。孙武并没有立刻回答，而是静静地站在那里，一言不发。吴王阖闾等了很久，见孙武仍然没有开口的意思，便忍不住催促道："将军，您有何高见？"孙武微微一笑，仍然保持着沉默。吴王阖闾感到有些尴尬，但他并没有放弃。他继续耐心地等待，希望能从孙武那里得到一些启示。终于，在吴王阖闾要失去耐心的时候，孙武开口了。他的话语虽然不多，但每一句都充满了智慧和力量。他讲述了兵法的精髓和战略的重要性，让吴王阖闾深受启发。

一次，孙武带领吴军与敌军对峙于战场之上。他观察到敌军虽然人数众多，但士气低落，将士们面带惧色。孙武没有立刻发动进攻，而是下令全军保持静默。他坐在战车上，目光如炬，仿佛能洞察敌军将士的内心。敌军见状，纷纷猜测吴军的意图，心中更加慌乱。就在这时，孙武突然下令全军奏起激昂的战歌。雄壮的歌声在战场上回荡，如同一股无形的力量，激励着吴军将士的斗志。与此同时，孙武又派人向敌军传递消息，告诉他们吴军将士勇猛善战，不可抵挡。敌军将士在听到这些消息后，心中的恐惧和慌乱更甚。他们开始怀疑自己的战斗力，士气进一步低落。而吴军则趁势发动进攻，一举击败了敌军。

【评注】

上述事例展现了孙武化缄默为力量的智慧。他通过沉默和冷静来展示自己的威严和决心，让人们在无形中感受到他的力量，这是一种以静制动、以不变应万变的策略。

面对嘻嘻哈哈的宫妃，孙武考虑到双方的身份和地位，没有用言语去斥责，没有用声音去命令，而是发挥缄默的力量，用自身的行为和态度表达了军事训练的严肃性和重要性。他的缄默借助于坚定的眼神、严肃的态度，以一种深沉的力量展现出来，像是一种无形的压迫，让宫妃们逐渐感受到了军事训练的威严和庄重。这样的缄默无声地提醒宫妃，让她们认识到自己的身份和当下的任务，使之自觉进入军事训练的状态，在体验中明白军事训练的重要性，自觉地投入训练中。这样的缄默，没引发冲突，没破坏关系，自然而然地达到了攻心的目标。

在论兵一事中，孙武的缄默，制造了一种紧张而期待的氛围，让吴王阖闾在等待中感受到焦虑和不安。这种沉默并非无意义的静默，而是一种策略，一种让吴王阖闾更加专注和珍惜孙武话语的方式。这是一种情境的创设，如此一来，当孙武终于开口时其话语就会因之前的缄默而变得更加有分量，更加深入人心。在这一过程中，孙武准确地把握缄默开始和结束的时机，在吴王急于寻求答案的时候保持缄默可以让自己更好地观察吴王的反应和情绪，更准确地判断局势的走向，进而抓住最佳的说话时机，达到在吴王的心中留下深刻印象的目的，使之认识到自己军事才能的出众。

　　在对敌作战时，面对士气低落的敌军，孙武深知，适时的缄默可以达到不战而屈人之兵，减少不必要的伤亡。于是他选择以缄默之术面对敌军，结果孙武的军队出奇安静，动摇了敌军将士，使之感到莫名的恐慌。此时就是结束缄默的有利时机，他突然率军发动进攻，军队就如同射出的箭矢，迅速穿透了敌军的防线，而敌军将士则因为失去了应对突发情况的能力，被打个措手不及。

　　孙武将缄默用于攻心之术，再次证明了缄默的巨大力量，也再一次说明缄默并非简单的沉默，而是在等待合适的时机，用最小的代价取得最大的胜利。这种智慧用于人际交往的攻心之术中，需要我们能选择适当的时机，找准缄默的开始点和结束点，方能使之成为保护自己，洞察对方弱点，攻破其内心防线的关键。

四、如水

【原典】

以刚柔相济，然后克得其和，能为民用。

【简译】

用刚强和柔和相互补充，这样才能达到和谐，才能为人所用。

【评议】

这句话出自东汉王粲的《为刘荆州与袁尚书》，意在说明唯有将刚强和柔和相互配合，才能促成和谐局面的形成，进而为人所用。换言之，它强调了处理事务和解决问题时既要坚持原则和力量，又要注意灵活变通和包容，如此才能达到最佳的效果。套用到人际交往中，这是一种如水般的处理方法和态度，提醒我们，要运用攻心之术促成良好的人际关系，就要根据外在条件的变化，像水一样，有时柔和，有时强硬，灵活调整处事的方式方法，刚柔相济方能实现自己的目标。

中国历史上唯一的女皇帝武则天，在治理天下的过程中充分展现了如水一样时柔时刚的灵活的攻心之术。她以水的刚，凭着惊涛拍岸之力成功地以女子的身份掌管朝政达半个世纪之久，坚定地把握权力，果断地处理政治对手；她以水的柔，让自己的统治充满了智慧，无论是任贤选能还是国家治理，都能将弹性的一面展示给下属和百姓，尊重文人和士人的意见促成了文化繁荣和社会改革，减轻赋税、兴修水利、关注民生等一系列柔性措施巩固了统治，赢得了民心。

武则天的统治可以说将如水般时柔时刚，将刚柔相济的攻心之术运用得淋漓尽致，最终既震慑了人心，稳定了朝堂，又驭臣有术，收获了天下政治的稳定，人民生活的富裕，文化的复兴，以"上承贞观，政启开元"的后世评价。这是她的如水的攻心之术成功的证明。

水时而平静如镜，温柔滋养万物；时而翻江倒海，摧毁一切阻碍。因此善于攻心者，要像水一样，既在面对阻碍时展现出坚决和果断，以"刚"克服困难，勇往直前，打动人心，又能像水一样，顺应时势，灵活变通，随方就圆，以其韧性打动人心，以其柔情将关系中的缝隙填满，在刚柔并用中成功地收获人心，赢得机会。具体到实际的攻心之战中，可以从以下几方面入手：

一是要不断提升自己的实力。刚是指专业的知识、技能；柔是指亲和力、共情力等心理素质。一个人如果能兼具专业知识技能和富有人情味的人性化的态度，就能以压倒性的实力战胜对手，赢得尊重，进而收获人心。

二是要明确目标，审时度势。人际关系中做到刚柔相济，是在明确自己的目标的前提下，对当下的形势清楚地认知和把握下才能做到的。目标可以让我们面对人与人之间的风雨如磐石一样不动摇，对形势的清楚认知又能让我们面对变化适时调整，不墨守成规。

三是要坚持和包容并存。坚持是刚，可以让他人明确我们的原则；包容是柔，可以让他人感受到我们的善良与仁爱，如此一来就可以让他人佩服于我们的坚持，又感动于我们的仁爱，乐于和我们同行共处。

总之，要获得攻心的成功，我们就要灵活运用刚柔两种力量。有时候用柔和的方式化解矛盾，有时候用刚的态度迎接挑战，并依据形势灵活在二者之间变化或将二者结合起来，从而解决人际矛盾，获得良性的成长空间。

【事例】

郑庄公淡定戡乱，母子和好

前743年，郑庄公（寤生）刚刚继承君位，母亲武姜就要求他把制邑（今河南荥阳市汜水镇）封给次子叔段。

相比弟弟叔段的聪明伶俐，讨人喜欢，郑庄公从小就因为敦厚木讷而不能获得母亲的宠爱。可以说，武姜对自己这个小儿子简直到了有求必应的程度。丈夫郑武公在世时，她甚至多次请求立叔段为继承人，但都被坚持嫡长子继承制的郑武公拒绝。

实际上，郑庄公虽然外表柔弱木讷，似乎言谈举止都慢半拍，但心里明净如水。他可以理解母亲偏爱弟弟，但绝对不会答应母亲把制邑分封给弟弟的要求，因为制邑地势险要，是扼守虎牢关的军事重镇。所以面对母亲的要求，他直言制邑是一个不吉利的地方，虢叔（东虢国的君主）就死在那里，不宜封给段，请母亲重选一个地方，并表示自己一定唯母命是从。结果武姜不加思索地选择了京邑（在今河南荥阳市东南）。郑庄公虽然略有犹豫，但话已出口，只好无奈地同意了。

群臣听闻此事后，纷纷表示反对。大夫祭仲说，按照祖制，封地的城墙不能超过一百雉（三百丈）。京邑比都城还大，如果把那里作为叔段的封邑，不但不合法度，而且叔段一向觊觎君位，一旦事态失控，将直接威胁郑国的安全，对郑庄公极为不利。他的话点燃了群臣的激愤，有人甚至建议先下手为强，现在就除掉叔段，免除后患。郑武公平心静气和地倾听着大家的意见。等吵闹声慢慢平息下来，他才不紧不慢地说，这是母亲武姜的要求，自己无法反对，也不忍拒绝。

祭仲闻言，生气地说，武姜一向偏爱叔段，她哪有满足的时候，不如换一个封邑给他，避免他扩张势力。郑庄公就说，叔段也是知礼之人，不会做出逆上叛乱之事，咱们还是耐心等等看吧。

就这样，叔段带着随从离开新郑，风光地来到京邑。一到京邑，叔段就自称"太叔"，京邑的人因此称他为"京城太叔（又作京城大叔）"。接着，叔段开始招兵买马，壮大自己的势力，命令京邑附近的两座边城的守将听命于自己。消息传到都城，大夫公子吕劝郑庄公，一山不容二虎，除非他想把国家让给太叔，否则必须赶快制止他，别让百姓迷茫，不知道该拥护谁。郑庄公还是摆出一副浑然不觉危险的神态，说不急，等过一段时间叔段就会自己醒悟。

　　不久，叔段将领地扩大到鄢（在今河南鄢陵县一带）和廪延（在今河南延津县北）。公子吕又坐不住了，再次跑去劝郑庄公，说太叔的势力越来越强，一旦他起兵反叛，必然一发不可收。郑庄公仍然不动声色地说，不亲不义之人，地大人多也得不到真心的拥护，叔段该明白这个道理。

　　就这样，在母亲武姜的唆使和支持下，叔段得寸进尺，不断扩展自己的势力范围。郑庄公却平静得像什么都没发生一样。一转眼，他与叔段一南一北并存了二十多年。郑国的百姓也习惯了这样的局面。

　　前722年，蓄谋已久的叔段打算和武姜里应外合袭击国都。得知信息后，郑庄公处变不惊，有条不紊地排兵布阵。他命令公子吕率领二百辆战车攻取兵力空虚的京邑，切断叔段的退路。叔段收到京邑失守的消息，知道计划败露，郑武公已经做好了准备，自己断无成功的可能，便准备拼死一搏。可是他的军队在得知国君的大军前来平叛后，竟然纷纷背弃了他。见此情形，叔段只好仓皇逃往共城（河南辉县）。一场蓄谋已久的阴谋，转瞬便失败。

　　平定叔段之乱后，郑庄公将参与叛乱的母亲武姜送往城颍（今漯河临颍），并发誓说"不及黄泉，无相见也"。但过了一段时间，心善如水的郑庄公又开始思念母亲，而武姜也对之前的作为有所悔悟。于是就有了后来《掘地见母》（也称《黄泉见母》）的故事。

【评注】

　　郑庄公平定共叔段之乱的故事在《春秋》《左传》《公羊传》《谷

梁传》中都有记载。在与母亲武姜和弟弟叔段的相处中，他以如水般的柔和包容，期待母亲武姜和弟弟叔段自我醒悟；他以似水般的果断与决绝，坚决处理了他们里应外合的叛乱之举。我们通过具体的细节看一看郑庄公在处理这件事的过程中如何展现如水般的攻心智慧，最终软硬结合取得胜利的。

首先，郑庄公以如水般的柔情包容和接纳母亲的偏爱。刚刚继位，母亲便提出把制邑给弟弟叔段做封邑。制邑是扼守虎牢关的军事重镇，它的重要性，母子三人都很清楚。母亲的请求背后的真实目的，郑庄公心中了然，但他没有揭穿，只是以制邑不吉利，对叔段不利为借口婉拒，随后又让母亲随意选其他地方。这一举动，保全了母亲的面子，又不伤母子之情，可以说无论是对母亲，还是对弟弟，做到了温柔以待，但同时又坚持了自己的底线，没将制邑这一重要的地方封给野心勃勃的叔段，让自己处于主动地位。

其次，郑庄公以如水般的柔情包容贪得无厌的弟弟。大臣们在得知郑庄公把京邑封给叔段后群起反对，因为他们都了解武姜对叔段的偏爱，更了解叔段觊觎君位的野心。祭仲从礼法和情理的角度说明不宜把京邑封给叔段，建议换一个小点的地方给他，甚至直接揭露叔段的野心，将来必会威胁郑庄公的国君之位。有人建议现在就诛杀叔段，以除后患。郑庄公明白臣子的担忧，但他还是念及亲情，希望以柔和的方法感化他们，因此安抚群臣，把一切都交给时间，耐心等待母亲和弟弟的转变。然而，叔段到京邑后，立刻马不停蹄地扩张自己的势力，先把两座边城纳入自己的领地，进而又扩大到鄢和廪延。看到叔段肆无忌惮地扩充军备，公子吕几次三番地向郑庄公进言，请他立即着手制止叔段，担心事情发展到不可收拾的地步。郑庄公却任由其胡作非为，貌似丝毫也不着急，平静得不起一点波澜的背后是对亲弟弟的包容。即使叔段得寸进尺，不断扩大自己的势力范围，郑庄公还是与他平和相处了二十余年，表现出了如水般的阔大胸襟，如水般的接纳、忍让和包容。

再次，郑庄公以似水的果决处理叔段之乱。叔段在自认为准备充分后，就与母亲密谋袭击国都，夺取君位。郑庄公面对母亲和弟弟里应外合的密谋，早有预案，有条不紊地排兵布阵，一击制胜，轻松平定了叔段之乱。这表明，他虽然包容母亲和弟弟，任由其胡作非为，但并不代表他会让其行为触及根本，动摇社稷。最后，在事情平息后，面对参与叛乱的母亲，他将其送往城颍，誓言不到黄泉不相见。这又表现他如水的刚强。而没过多久，郑庄公就忍不住心中的思念之情，让人挖地道通到母亲的居所，母子二人变相相见，言归于好，也表明正是由于他处事能刚柔并济，才能促成关系的和谐，为自己留下空间，为母亲留下余地。

郑庄公的故事表明，一个高明的攻心者，无论面对何种困难和挑战，都同时具备柔善如水和刚毅如冰两种品格，对潜在的矛盾与冲突柔和以待，对原则和底线果断应对，这种刚柔并济的方法，使他可以在复杂多变的环境中游刃有余，达成攻心的目标。生活在当今浪潮汹涌的社会中，我们更要学会在合适的时机运用刚柔结合的策略处理问题，化解矛盾，在巧妙的攻心中实现自己的目标。

五、夺气

避其锐气，击其惰归。

【简译】

在面对对手或挑战时，要避开对方初来时的勇猛气势，等到他疲惫时再狠狠打击他的弱点，从而获得优势并取得胜利。

【评议】

这句话出自《孙子兵法·军争篇》，"避其锐气，击其惰归"是"夺气"战术的核心思想，因为交战中对方的锐气往往是最难对付的，因此与其与之正面硬拼，不如避其锋芒，找到其弱点，然后集中力量给予对方致命的一击，打击对方士气，降低其战斗力，进而为取得胜利创造有利条件。这句话虽然阐述的是一种战争策略及核心战术，但移用到攻心之战中，同样适用。

在拳击界，泰森以其迅猛的攻势和强大的打击力闻名于世。然而，在与霍利菲尔德的比赛中，泰森却遭遇了挫折。霍利菲尔德选择了避免与泰森正面硬拼，而是不断引诱泰森犯错并消耗其体力。泰森在比赛中逐渐暴露出疲惫和急躁的情绪，而霍利菲尔德则抓住了这些破绽，最终击败了泰森。

上述比赛中，霍利菲尔德能战胜泰森的关键就在于做到了避其锋芒。泰森的优势在于攻击迅猛、打击力强大，与其硬碰硬不是明智之举，霍利菲尔德避其锐气，消耗其体力，这一持久战式的打法让泰森耐心和体力尽失，在心理和生理上"夺气"，最终成功地打败泰森。

不独体育竞技中要借攻心之术达成目标，需要学会"夺气"，日常工作和生活中的人际相处同样需要学会"夺气"。这种攻心之战中的"夺气"多用于面对盛气凌人的竞争者或合作对象。此时的夺气，是一种人际交往之智慧，是避其强项和锐气，击其短处和松懈的智取之法。具体到实际操作中，可以这样实施：

第一步：观察了解。这是"夺气"的前提。无论面对的是怎样的攻心对象，首先要做到观察了解。在观察过程中要心绪宁静，态度平和，持中立的态度。唯其如此才能实事求是地发现对方的长处和短处，精准找到要夺的"气"。

第二步：避其锐气。明确对方的"气"之所在后，接下来就是暂退一步，避其锐气，让对方充分表现和发泄的同时，自己也能观察和找到准确的应对之策、破解之法。

第三步：一举攻心。所谓一而再，再而衰，当对方气焰稍减，情绪懈怠时，再表达自己的观点和看法，用己之所长攻彼所短。这种"长"可能是平和的处事态度，可能是对方不具备的一项过人的专业技能，总之，只要能达到挫其锐气的目标即可，不必强求一击必中，否则对方或恼羞成怒，关系破裂，合作无法进行；或故意破坏，让目标无法达成。

　　总之，要确保攻心之术的成功，"夺气"不但需要我们具备敏锐的洞察力和判断力，善于捕捉对方的弱点和破绽，同时也要有足够的耐心和毅力，以此方能等到最佳的时机，给予对方不亢不卑的一击，在削弱其实力和锐气的同时，展示自身的优势，进而使对方发自内心地与我们真诚合作，帮助我们实现目标和愿景。

【事例】

班超"夺气"震边疆

　　班超是著名史学家班彪的儿子，史学家班固的弟弟，他因在履行使臣的职责过程中巧用"夺气"这一攻心之要，成功震慑汉朝西域各国，被称为著名的外交家和军事家。

　　73年，为了实现汉明帝恢复汉对西域各国的权力的目标，班超带领36人的使团经过长途跋涉，历尽艰辛到达鄯善国（今新疆维吾尔自治区若羌县）。最初的时候，鄯善王对他们恭敬有加，热情款待；可是过了几天，鄯善王态度变得不冷不热，甚至对班超等人疏远、怠慢起来。经过细心观察和私下打听，班超推测导致鄯善王态度变化的原因是匈奴使者的到来。于是为了获得准确的情报，他就在鄯善王派来招待他们的侍从面前摆出一副了然于胸的神态，厉声责问对方为什么不通知匈奴使者到来的消息。侍从慑于班超的气势，竹筒倒豆子一样将信息全盘说出。得知匈奴人已经来了三天，且住在距离汉朝使团30里处，班超就决定连夜行动，让鄯善王不再做墙头草。他在将鄯善侍从关押起来后，立即率领36名随从扑向匈奴人的驻地，巧用疑兵之计制造混乱，再用火攻和弓弩射击，将匈奴使者及其带来的匈奴兵、随从大部分杀死，仅有几个侥幸逃走。天亮后，鄯善王看到大势已去，不得不主动和汉朝结盟。

鄯善国归附汉朝后，班超又率使团到达了于阗。于阗国从国王到百姓都信奉巫神，将巫师奉为巫神的使者。于阗国的巫师是匈奴人派来的，自然不欢迎与匈奴关系不睦的汉朝使团的到来。加之匈奴特意派了使团在这里，监督于阗王，因此于阗国上下没人敢对汉朝使团热情相待。就在班超思考解决之策时，机会来了。原来，巫师为了赶走汉朝使团，故意让于阗王将东汉使者的马作为祭品，向上天表达不归顺汉朝的决心。等于阗王派人来索要马匹时，班超干脆地答应了对方的要求，不过条件是自己要亲手将马匹送到巫师手中。巫师带着得意的微笑站到班超面前时，班超就将他杀死，再把他的脑袋割下来扔到于阗王面前。原本于阗王就因为班超在鄯善的举动而心存畏惧，现在班超又在自己的国家实施雷霆手段，他只好杀掉了匈奴使团，归顺了汉朝。

74年春天，班超率使团到达疏勒后，发现疏勒王竟然是龟兹人兜题。班超仔细探听才知道，兜题之所以能鸠占鹊巢，是因为他在匈奴的扶持下占据了天山北道，然后依据这一便利的地理条件攻占了疏勒，将疏勒王杀害，自己做了疏勒王。班超又了解到疏勒国人对兜题恨之入骨，但畏于匈奴的势力，不敢对他怎么样。班超将这些信息加以整合后确定了在疏勒和龟兹树立汉使威信的策略。他让手下人去劝降兜题，因为兜题不听话就把他抓了起来。之后班超当着疏勒将士们的面，列数了龟兹国的罪行，然后扶持原疏勒王的侄子做了疏勒王。疏勒国上下感谢班超的义举，主动归顺汉朝。

【评注】

上述改编自《后汉书》的内容，展现了外交家班超出色的攻心智慧和手段，也说明他能在西域获得出色的外交成就，让不少国家归附于汉朝，与他处事灵活果断，有胆有谋，善于运用"夺气"攻心之策有关。

面对鄯善国前后两副嘴脸，班超敏锐地察觉情况发生了变化，随即采用"夺气"之法，震慑鄯善侍者，获得明确的情报。在分析了情报后，班超又同样采用"夺气"之法，先下手为强，将匈奴使者杀死，断绝鄯善王的后路，使得对方不得不归顺汉朝，以求自保。

对于已经被匈奴派去的巫师控制的于阗国，班超并没偃旗息鼓，打道回国，同样采取先下手为强，假借送马，干脆利落地将巫师杀死，使得于阗王不得不归顺汉朝。

不同于鄯善国和于阗国，疏勒国的问题比较复杂。但对于为人机警，观察力敏锐的班超，也并非难事。他先是确定了现任疏勒国王兜题获得王位的手段不义，清楚了匈奴人同样在背后起着不小的作用，于是以伸张正义的形象出现在疏勒国人面前，当面列举兜题的罪状，替疏勒国上下出了一口恶气，从而收获了疏勒国人的心，后面的归顺汉朝之举就顺理成章。

综观班超在这三个国家的攻心之举，先声"夺气"之法在其中起到了关键作用。借助于这一方法，让鄯善国和于阗国不再对匈奴抱有希望，让疏勒国得以重新有了自己的国王，成功地收服人心，达到攻心的目标，让东汉多了更多的归顺者。

当然，把这种方法用于攻心时，一定要先进行细致的观察与分析，方能将"气"夺得准，夺得及时，进而让双方能够和平相处，平等沟通与交流，进而在先声夺人的气势中促成双赢局面的形成。

六、求同

【原典】

君子和而不同。

【简译】

君子在人际交往中能够和谐相处，尽管他们的观点和兴趣可能有所不同。

【评议】

这句话出自《论语·子路》，在孔子看来，君子应该具备宽容、包容的品质，能够尊重他人的不同意见和看法，而不是一味地强求一致。这种和而不同的态度，有助于化解矛盾、增进理解，促进和谐稳定，是攻心的关键之一。

纳尔逊·曼德拉和弗雷德里克·威廉·德克勒克是南非历史上两位杰出的政治家，曼德拉代表了非裔南非人的利益，他倡导和平、和解和非暴力抵抗；而德克勒克则是白人政府的代表，他主张逐步废除种族隔离制度。背景、立场和观点的巨大差异，使得他们之间经常出现矛盾冲突，但在实现南非的和平与稳定这一共同目标的号召下，他们通过长时间的谈判和相互妥协，最终，促成了南非的历史性变革，共同推动了南非从种族隔离制度向多元民主制度的转变。

纳尔逊·曼德拉和弗雷德里克·威廉·德克勒克面对着彼此不同的背景、立场和观点，不是强行要求对方和自己保持一致，而是在共同目标下，以尊重的态度、宽容的心态允许对方持不同意见和看法。这种尊重和包容的态度最终成为他们相互攻心成功的基础，促成了二人之间良好的关系的形成，也让他们实现了共同的目标。

由此可见，善攻心者知道君子之交淡如水，要达到争取不同阵营、不同观点的人的支持，就要注意求同存异。同样的道理，善攻心者还明白，即便是同一阵营的战友，也会因观点分歧而发生矛盾，因此同样本着求同存异的思想，用尊重和理解达成攻心的目标。

二战期间，盟军高级将领分属不同国家，每一个人都抱着自己的信念和想法，不易接受他人的意见。面对棘手的冲突，盟军最高统帅艾森豪威尔能够同英国人、法国人和美国人一道工作，并且使他们都感到相当愉快。他处理矛盾时坚持一个原则：在求同存异的基础上建立有效的团结，尽量少让人们卷入激烈的争论，使盟军司令官们形成一个紧密团结的整体。

求同存异，和而不同，是一种智慧，也是一种境界。在纷繁复杂的世界中，每个人都有自己独特的见解和立场，人际相处中唯有用以和为贵、求同存异的思维与他人相处，才能让我们赢得观点不同者的支持，甚至阵营不同者的尊重，使之主动帮助我们达成攻心目标。在实际的攻心行动中，不妨参照如下的逻辑方法。

首先，他们不去刻意改变他人，而是努力寻找与对方的共同点，促成双方在情感上产生共鸣，相互理解，进而真正打动人心。其次，他们善于倾听，尊重他人的意见，即使与自己的观点相左，也能保持平和的心态，以理服人，以德感人。再次，他们在倾听中注意观察，留心细节，从对方的言谈举止中捕捉信息，了解对方的需求和期望，进而根据对方的反应，灵活调整自己的策略。最后，他们以共同点和情感共鸣为切入点，因人而异采用不同的沟通交流方法，在尊重对方的同时，向他们讲解自己的观点和看法，使之逐步理解和接受自己的观点。

总之，真正的智慧不在于一味追求一致，而在于能够在差异中找到共同点，化解分歧，达成共识。唯有懂得倾听他人的声音，理解他人的立场，尊重他人的选择，双方才不会因为意见不合而轻易产生冲突，反而会努力寻求平衡点，促成和谐共处的局面形成。

【事例】

三将求同守合肥

三国时期，张辽、乐进、徐晃、张郃和于禁是曹操手下的五位良将。张辽是五将之首，性格坚韧，善谋略，做事冷静果断，为人勇猛而不莽撞，虽然曾是吕布手下的大将，但归顺曹操后忠心耿耿。乐进是令人闻风丧胆的"战神"，一直追随着曹操，以绝对的忠诚赢得曹操的信任，此人其貌不扬，不善言辞，但敢打能杀，勇猛好战，因为登城的绝技，能身轻如燕地翻墙入城，抢先一步取敌将首级，因此屡立战功，性格要强的同时还比较自负。

　　建安二十年（215）八月，孙权趁曹操忙于讨伐张鲁，亲率十万兵马向合肥发起进攻。当时合肥的守城将领是乐进、张辽和李典，以及7000名士兵。三人各有恩怨，互不服从。

　　就恩怨而言，主要指的是张辽和李典之间。当年，张辽还是吕布手下，曾率兵抢劫和屠戮了李典的老家，将李氏宗祠焚毁，将李典的族人屠杀，还打败了前来救援的李典。好在李典性格比较平和，为人比较聪慧，处事通透，做事能顾全大局，分得清事情的轻重，因此在二人同为曹操手下后，他虽然心怀怨恨，但一直与张辽保持着表面的和平，其实彼此间有着深重的隔阂。就互不服从而言，则一方面指三人之间，因为从官职来看他们是平级；另一方面指乐进和张辽，这两个人除了平级，还因为战功卓著都被曹操授予"假节"（先斩后奏的军事特权），同时在军中的威信也不相上下。作战只能有一个高级指挥官，无法分出高下尊卑的三个人就面临着比较尴尬的局面。

　　眼看着孙权大军夺路而来，三个有矛盾和过节的将领要怎样守住合肥城呢？这时，护军薛悌将曹操临行前的一封密信送给了张辽。张辽拆开这封信封上注明了"贼来乃发"的书信，见上面写着"若孙权至，张、李二将军出战；乐将军守城"。命令很明确，张辽和李典出战，乐进守城。然而，有家仇的李典会不会趁机暗下黑手？暴烈、好战的乐进能不能安心守城？张辽先发表自己的看法。他说，救兵肯定是来不及赶到了，唯一的方法就是趁敌人立足未稳偷袭他们，打击他们气势的同时还能安抚人心，然后再努力守城，等待作战时机。说完，他期待地看着两个人，等着他们表态。在沉默之后，李典说话了："此国家大事，愿君计何如，吾可以私慨而忘公义乎！"意思是，在国家大事面前，我会公而忘私，你怎么安排我就怎么做。李典表态了，乐进虽然还有些不服气，但也知道在没一个明确高等级的指挥官的情况下，肯定要少数服从多数。

就这样，当张辽亲率800名勇士对东吴军队展开偷袭，既而与李典联合追击，最后大破东吴大军，还差一点儿活捉了孙权，乐进则率人坚守在合肥城。三人联手守住了合肥城。

【评注】

从上面的故事中可以看出，各有恩怨、互不服气的三个人最后能联手破敌，关键就在于他们能顾全大局，抛开个人私怨和名利。细细阅读更能发现，整件事的处理中，无论是当事人张辽，还是幕后的曹操都深谙攻心之术，在把握"求和"的攻心要旨的同时冷静处事，谋得人心。

张辽用"求同"谋得李典的支持。如果说张辽和乐毅只是互相不服气，那么张辽和李典之间却是血海深仇。张辽知道李典无时无刻不想杀死自己，但他也知道他们有着共同的目标——守住合肥则生，失守则死，因此相信为人通透的李典，能分清轻重。于是他就主动示好，将自己的想法和盘托出，言明自己的破敌之法——偷袭，杀敌锐气，振己士气。这是主动递上橄榄枝，以坦诚和无私的态度表达希望对方先公后私，与自己联手协作的请求。这种以坦诚为前提的攻心之术，让本就处事通透、做事能顾全大局的李典，在经过激烈的思想斗争后放弃了可能是报家仇的唯一机会，大度地表态，让对方放心。至于乐进，张辽知道，虽然他心里不服气，但面对着曹操的命令，乐进清楚地知道自己应该怎么做，自己只要做好自己的事情就可以了。

曹操用"求同"让三将联手。曹操作为领导，深知手下这三人之间的矛盾和暗中较劲，但他仍旧将这三人留了下来，是因为他知道这三个人都有着共同的特点——忠诚于自己，同时张辽冷静而多智，李典通透而识大局，乐进虽好勇但听自己的话。在关键时刻，张辽能做决断，李典能先公后私，就算是乐进有些不服气，面对着共同对敌的目标时也会守住自己的位置。事实果真如他所料，张辽提出守城之策，李典和乐进予以配合，孙权不但没能如愿，本人还差一点被张辽活捉。

综合整个事情来看，李典放弃了报仇的机会，世人无不佩服他先公后私的大局观；尽管乐进憋屈地守城，没能畅快地上阵杀敌，但却为张辽和李典守住了后方，让世人佩服他的忠诚。至于张辽和曹操，唯有叹服他们对人心的把握，对攻心之术的灵活运用，也无怪张辽能赢得了曹操的信任，而曹操能成为一代枭雄了。

由此可见，求同是攻心之术获得成功的关键前提。没了求同，攻心只是空谈，至于团队合作、互相支持更是空中楼阁。因此在人际相处中，高明的攻心者不是简单追求意见一致，而是善于在差异中寻找共同点，在尊重差异的同时，依据对方的性格与之相处，最终在尊重差异的基础上建立起真正的友谊和合作关系。